江西财经大学“鄱阳湖生态经济区发展研究”跨学科创新团队学术研究成果
江西省高校“十二五”重点学科“农林经济管理学”学科建设成果
国家自然科学基金项目阶段成果（编号：71173095、71103076、71363025）
世界银行技术援助项目成果 (TCC5:A15-09-03)
中国博士后科学基金面上项目研究成果（编号：2012M510971）

中国集体林地联合经营政策研究

孔凡斌　廖文梅　潘　丹　著

中国农业出版社

前　言

1982年以后，中国逐步在全国的集体林地区推行以家庭经营为主导的多种林业经营模式，即根据林地质量、距离村的远近，家庭劳动力或者家庭人口的多寡，分配村集体（行政村或者村民小组）所拥有的土地，每个农户得到几块或者十几块，乃至几十块土地，出现了林地细碎化的问题。1987年，中国政府出台了相应政策以鼓励规模化经营，走规模化的道路。但是，家庭经营制度安排依然占有重要地位，林地细碎化问题一直没有得到有效地解决，在一定程度上制约了中国集体林业的健康快速发展，乃至影响到了整个农村经济发展和农民收入水平的提高和森林资源培育和可持续经营。

新世纪之初，新一轮的集体林产权制度改革，将90%以上的集体林地经营权快速地落实到农户家庭，并且根据林地立地条件和距离远近，搭配分配林地，造成每个农户拥有多块林地，每块林地面积比较小，造成林地细碎化，引起农户经营效率不高和经营成本高等问题，不利于农户的林地经营。日本和德国等国家对小农林业的经营管理已经积累了较为丰富的经验，能否借鉴这些国家的经验，结合中国集体林业的实际情况，探讨市场经济条件下的农户合作经营，实现林地联合经营和林地经营的规模效益，具有重要的理论和实践指导价值。为此，对中国集体林地细碎化产生的背景条件、影响以及可能的政策选择深入分析，并据此提出中国集体林地联合经营的基本思路、路径、模式以及政府鼓励联合经营等在内的政策建议，就显得十分必要。

基于以上安排，我们于2010年通过公开竞标方式承担了由国家林业局经济发展研究中心委托的世界银行技术援助项目《中国集体林产权制度改革相关政策研究：集体林联合经营政策研究》专题任务。经过历时2年多时间的艰苦努力，我们顺利完成了项目研究任务。在项目成果的形成过程中，我们融入了创新团队成员所主持承担的国家自然科学基金和中国博士后科学基金项目的大量最新成果，大大提升了项目研究质量，并最终形成本著作。本著作共9章33节，具体内容为：

第1章是政策背景与文献回顾。对林业“三定”造成的集体林地细碎化的状况及其影响进行分析，对小规模林业经营问题国际研究文献进行了系统回顾和总结，分析了中国集体林地细碎化演化过程及政策变迁，提出了研究展望。

第2章介绍了项目研究样本选择和实地调查方法。

第3章对林业“三定”后林地细碎化状况及其影响进行了系统分析。

第4章对林业“三定”以来林地规模化经营模式进行系统归纳和评价。

第5章对林地细碎化程度、细碎化成因及其对林地经营的影响进行大样本定量分析，对林权制度改革之后所出现的林地规模化经营模式进行比较分析和评价。

第6章是关于林地联合经营利益相关者的分析。重点从农户需求角度分析了林地联合经营的环境条件，以及农户林地经营收入支出结构及其在不同地区之间的差异；以江西为例，分析了地方政府对林地联合经营的态度、动因以及林权制度改革对地方治理带来的具体影响和博弈机制，比较了不同林地联合经营模式下的利益分配机制及其适应性；定量分析影响农户林地流转意愿和联合经营行为的主要因素，提出了相关建议。

第 7 章分析了制约集体林自愿联合经营的主要制度因素。

第 8 章提出促进林地联合经营的政策建议。

第 9 章是结论与最终政策建议。

本著作凝聚了项目组其他主要成员的辛勤劳动，她们是江西财经大学鄱阳湖生态经济研究院农业经济管理学 2007 级硕士研究生杜丽、2008 级硕士研究生雷瑶和 2009 级硕士研究生郑云青三位同学。在项目研究过程中，得到了其他 3 个专题项目组专家的大力支持和帮助，他们是西北农林科技大学经济管理学院姚顺波教授及其带领的项目成员，中国社会科学院涂勤博士，南京林业大学经济管理学院张敏新教授及其带领的项目成员，同时，我们还得到了国家林业局经济发展研究中心党委书记王焕良研究员的无私帮助和悉心指导。在此表示衷心的感谢！

本著作适应高等学校和科研院所农林经济管理学、林学以及相关专业的本科生、研究生阅读，也可以作为农林管理政府部门工作人员参考用书。由于著者学识水平有限，书中难免出现错误或不当之处，敬请专家学者和广大读者批评指正！

著　者

2013 年 10 月于江西财经大学麦庐园

目　录

1 政策背景与文献回顾

1.1 政策背景

农业、农村、农民的弱势地位已引起了广泛的社会关注，政府与社会各界把解决这一问题的希望寄予于以弱势群体自助合作为特征的联合经济组织。党的十七届三中全会明确提出："统一经营要向发展农户联合与合作，形成多元化、多层次、多形式经营服务体系的方向转变，发展集体经济、增强集体组织服务功能，培育农民新型合作组织。"

从2003年开始，中国集体林区各省相继推动了新一轮集体林产权制度改革，并根据林地立地条件、距离远近、农户家庭人口等因素搭配分配林地，将几乎所有的集体林地经营权彻底下放给农户家庭，造成每个农户拥有多块林地，每块林地面积大小不一，分布不连片，林地进一步细碎化。

为了推进林地规模化经营，政府也提出了一系列的政策主张。2008年6月，中共中央《全面推进集体林权制度改革的意见》中也明确提出：扶持发展林业专业合作组织，培育一批辐射面广、带动力强的龙头企业，促进林业规模化、标准化、集约化经营。该规定将培育大企业最为实现林地规模化经营的重要抓手和载体。2009年6月召开的中央林业工作会议进一步提出：要建立健全集体林权流转制度，规范林地承包经营权、林木所有权流转，推进林业适度规模经营，优化林业要素配置。该规定将林权流转作为实现林地规模化经营的基本前提和条件。2009年8月18日，国家林业局发布《关于促进农民林业专业合作社发展的指导意见》认为：发展农民林业专业合作社是坚持家庭承包经营、促进互助合作的重要形式，是推进适度规模经营、发展现代林业的重要抓手，是维护农民权益、促进农民增收的重要途径，是培育新型市场主体、发展市场经济的内在要求，是培育新型农民、推进社会主义新农村建设的重要载体。并给予农民林业专业合作组织在承担林业工程建设项目、基础设施建设、科技推广项目、创建知名品牌、森林经营、融资和森林保险、财政和税收优惠政策等七个方面的政策支持。这些政策无疑对林业专业合作组织建设步伐有实质性的推进作用。同时我们也看到，国家对林业专业合作组织提供特别政策优惠，进一步强化了林业专业合作组织作为林地规模化经营组织主要形式及其市场竞争能力，而对其他可能存在的多样规模化经营组织模式没有予以足够关注和支持。

关于为什么要以农民林业专业合作组织为组织形式推进林地规模化经营，政府有自己的解释。2010 年 3 月 10 日，国家林业局张建龙副局长在解释《关于促进农民林业专业合作社发展的指导意见》时认为：大力发展和扶持建立农民林业专业合作社，可以帮助农户解决生产经营中存在的单家独户办不了、办不好、或者办了不划算、政府又不能包办的事情。进一步认为，农民林业专业合作社搭建起了连接小农户与大市场、小农户与大企业之间的桥梁，一方面联结林农，形成规模，组织实施生产资料采购和林产品交易，有效提高林农进入市场交易时的谈判能力，增强抗风险能力；一方面联结大市场、大企业，代替企业组织农户，将市场信息传递给农户，减少中间过程的摩擦成本、交易费用。因此，在明晰产权、实行家庭承包经营的基础上，只有适度的规模经营，才能解决一家一户农民面对大市场的问题，才能解决防火、防盗、防病虫害的问题，才能解决林业生产、运输、加工、销售、贮藏等问题。

政府还认为，农民林业专业合作社，一方面代表农民利益，了解农民需求，掌握农民意向；另一方面连接市场，搜集分析市场信息，帮助农民全面掌握、科学预测市场供求状况和林产品价格走势，引导农民以市场为导向，调整生产结构、选择种植品种等，促进林业增效、林农增收。它是沟通千家万户分散经营与社会化大生产规模经营、集约经营之间的桥梁和纽带。为此，国家林业局还列举了大量的基层县发展林业专业合作组织的典型案例，以说明农民林业专业合作组织的成功。

1.2　小规模林业经营问题国际研究回顾

1.2.1　部分发达国家私有林政策、法规及促进林地联合经营

（1）德国私有林政策、法规情况

根据1996年德国农林部对森林面积在1公顷以上的林业企业的统计，德国的林业经营面积总共为948.04万公顷，其中国有林占42.4%，地方林占22%，私有林占35.6%。德国私有林以农林混合经营为特点，森林与林地相间，村镇与森林临近，对改善农业结构和保护土壤具有极重要的作用。

通过森林规章制度实施森林的管理是德国的传统。德国森林管理的一条重要特点是不轻易改动森林法，如1833年的巴登森林法、1875年的符腾堡森林法和普鲁士森林法被沿袭使用了100多年，直至1976年公布巴登—符腾堡新森林法为止。德国还在1875年公布过一部《防护林法》。森林法的长期性适应了林木生长期长的特性，也保证了林权的继承性，有利于森林的持续经营。20世纪前期德国最重要的森林法律是《促进林业和畜牧条例》以及《林木品种法》。

德国的森林法强调保持森林的多种所有制，保证林权稳定。森林法对组织林业合作社做了十分具体的指示，其目的是要克服林权过于分散的缺陷，通过促进私有林的合作，扩大经营规模，增强林农家庭企业的竞争力。

除森林法外，重要的法律有《林木种子和苗木法》、《林业合作法》、《税法》、《自然保护和景观改造法》、《肥料法》、《防有害物质法》、《野生动物和野生植物重点保护条例》、《采伐更新条例》、《森林灾害补救法》等（李志勇等，2001）。

此外，吴广宏在赴德培训、考察后，研究了德国的林业和森林资源通过有偿流转实行联合经营的情况，他认为德国森林资源流转作为物权流转和实行规模化经营的重要组成部分，已经制订了一套完备的制度，形成了一整套的操作方法，能够依法、有序地进行。森林资源流转满足了社会的需要，促进了经济发展和森林资源保护、合理利用（吴广宏，

2000）。

（2）瑞典、芬兰私有林经营及政策法规情况

瑞典总土地面积 4 110 多万公顷，森林面积 2 300 万公顷，森林覆盖率为 56%。瑞典的林业相当发达，尤其是森林工业，在国民经济中起着至关重要的作用，在世界上也处于领先地位。

瑞典林地的私有制占绝对优势。私有林的所有权极其分散，目前林主户数共约 27.7 万多户，平均拥有的林地面积约 43 公顷，其中 13.8 万户的森林少于 25 公顷。瑞典的私有林业在瑞典的经济中占有举足轻重的地位。

瑞典对私有林的管理，主要体现在《森林法》、林业税制、特殊禁令、各种补贴方面。瑞典政府于 1903 年通过了第一部《森林法》，各省成立了林业委员会，负责监督私有林的经营管理。自 1903 年颁布《森林法》后，到 20 世纪末，共颁布过 6 部《森林法》。1994 年的《森林法》被称为新《森林法》沿用至今。瑞典除了《森林法》这一林业基本大法外，还有许多相关的法规，如《禁猎法》、《自然保护法》、《建筑和规则法》等，这些法规全面系统，重点突出，并且自上而下得到贯彻执行（李志勇等，2001）。

瑞典森林私有林的所有权极为分散，经营单位细小，存在难以进行集约经营的问题。小规模经营带来了生产方面的问题，表现在难以合理规划林区道路和排水沟渠，难以有效利用大型林业机械。私有林主意识到这一问题后，一些林地毗邻的林主自发组成了合作经营区，林主协会可以说是木材生产者的组织，第 1 批林主协会成立于 20 世纪 20 年代，当时的目的是观摩交流，改善森林经营。到 30 年代初世界经济萧条时期，林主们在木材市场上遇到不少困难，所以逐渐把林主协会变成经济性的组织，经售其会员的木材。其后，协会更进而经营木材加工企业。以后各林主协会又联合起来组成林主协会全国联合会。林主协会的活动大致有经销木材，提供服务，组织协作，经营工业（赵爱云，2001）。

芬兰虽然是北欧小国，国土面积仅 33.7 万公顷，但却是世界林业大国。芬兰拥有 2 000 万公顷森林，森林覆被率 76%。同时，芬兰也是世界私有林大国，在全国的森林中，包括公司林在内的私有林面积超过

80%；在全国18亿立方米的活立木总蓄积中，私有林占70%；私有林的木材供材量约占全国总量的70%；全国私有林主超过30万个，在每6个芬兰人中就有一个拥有森林。

1927年颁布了《私有林法》，明确了私有林管理体制。该法规定森林采伐的标准，违者将受到处罚。目前该法仍在执行中。为了鼓励林主提高森林经营强度，1928年在总理塔内尔倡议下颁布了《森林改造法》，国家通过预算拨款资助森林改造工程。1969年颁布了《农田休耕法》，1975年政府规定，在休耕地上造林，国家给予15年的补贴并免交土地税。造林6年内受灾，国家给予补贴。到了20世纪70年代末已有40万公顷的耕地造林（李志勇，2003）。

（3）日本私有林经营及政策法规情况

日本私有林的发展过程中，所采取的政策手段也经历了一个变化过程。第二次世界大战后，由于森林资源短缺，加上恢复森林资源的任务比较繁重，曾采取过强制的限制措施，以制止森林的乱砍滥伐，促进私有林造林的发展。但是随着2013年以来森林资源的充实，自然灾害的减少，以及同私有权属的强制限制措施已经不断减少，而代之以通过行政指导和经济杠杆来诱导私有林的发展。诱导和促进发展的主要手段有给经营者提供资金援助的补助金、融资制度、国营保险和优惠税制等。另外还包括技术和经营的指导体系（李志勇，2001）。

日本林业的发展与进步，与其建立健全的林业法律法规是密不可分的。1951年制定了《森林法》，以后又多次修改，对森林的保全与维护以及与森林有关的基本问题做出了明确的规定。在1964年和1978年又相继制定了《林业基本法》和《森林组合法》。《森林组合法》的目的在于促进森林所有者合作组织的发展，谋求森林所有者经济、社会地位的提高以及森林持续的发展和森林生产力的增强，为国民经济的发展做出贡献。完善的法律体系，使日本的森林经营和生产有法可依，能够保持稳定的发展（费本华等，2003）。

日本的森林组合制度创立于1907年，是亚洲历史最长的林业联合经营性的组织。明治维新（1864年）以后，随着西方林业经营思想的传入，林业行业的合作化运动也开始在日本萌芽，各地相继出现了以森林保护、森林防火等为目的的民间合作团体。这是日本森林组合最初的原型。经过100多年的发展，其在组织上不断壮大，在制度上日趋成熟，功能不断完善，形成了鲜明特点。日本现在的森林组合组织分为3级。全国森林组合联合会是森林组合的全国性组织，其任务是为都道府县森林组合联合会提供指导和服务。全国47个都道府县（除大阪府外）均设有森林组合联合会，它们的主要作用是为会员森林组合提供技术培训、指导和信息服务（王登举，2009）。

张於倩等认为日本的森林计划制度对于指导日本的林业发展起到了重要作用：①以政府计划的形式确定了对森林资源分类经营的目标和措施，并使森林资源管理的目标符合国民经济和社会发展多目标的需求；②强调森林在促进可持续发展、发挥森林多种公益效益方面的作用；③规范私有森林所有者的经营行为，使其符合全国森林资源管理总的目标和方向，但并不下达具体生产指标；由经营者按市场规律做出经营决策；④通过优惠措施提高森林集约经营水平，使经营措施落到实处（张於倩等，2004）。

1.2.2 中东欧过渡期国家小规模林业发展及林地经营问题

自从20世纪90年代以来，经历了公共林业数量的减少和私人拥有林业数量的增加，森林所有权形式在中东欧洲地区一直处于变化之中。中东欧国家在向市场经济的过渡中，开始了林地和归还给原主和私有化，在新的欧盟成员国中的大部分中，这些过程现在已经完成。如今，林地所有权包括私有森林和公共及其他森林。

Maria Nijnik Albert Nijnik 和 Livia Bizikova（2009）等考察了捷克共和国、匈牙利、拉脱维亚、波兰、罗马尼亚、斯洛伐克、斯洛文尼亚和乌克兰等小规模林业的当前状态和未来前景与挑战，并发现这些国家非国有的林业主拥有150 000～1 500 000公顷的林地所有权，其中几乎35％林业主所有的林地面积均小于5公顷。在罗马尼亚和波兰，几乎所有的私有林业都是小型的，在捷克共和国，小型林业主大约为占80％。因此，由于大量的小规模所有权和不同的制度安排，林业管理的总体成本相对较高。在斯洛伐克，大约60％的私有林地属于大于100公顷的不动产，且林地私人拥有权正在增加，但是，这个国家中私有林业主更偏爱让政府管理其森林。

根据IUCN（2004）的研究，中东欧地区小规模林业主由如下三组人代表：①持有大规模林地且追求利益最大化的以市场为导向的林业主。②为满足家庭生活需要（尤其是柴薪的需求）的林业主。这种林业的规模通常都是比较小的，而且生产难以满足需求，他们也不把林业当成主要的产业来管理。在遵循自然保护原则的同时，这些小规模林业主会有选择性的砍伐树木以满足他们的需要。③与林业生产和管理关系较为疏远的林业主。他们通常居住在城市当中，鲜少接触林业，也不会从林子中得到收益，如果他们从中获益了，往往是通过砍伐森林得到的。然而，在大多数情况下，这些成员对保护景观、生态以及森林的多功能作用方面都占据了比较重要的地位。

在中欧和东欧国家中，这三种不同的小规模林业主在对森林和土地使用权、林业管理行为、生物多样性保护以及景观文化价值的认识上面，都分别具有各自的兴趣及利益驱动。有些林业主把森林看成是自己的家庭财产，对于森林的情感联系这点上面，每个林业主也有自己不同的观点（IUCN 2004）。

小规模林业已经给过渡期的国家带来了多重利益，然而，小规模林业的发展正面临着种种挑战，比方说，私有森林所有权结构在很多情况下都是与SFM（林业可持续经营）发生冲突的，由于缺少政府政策的支持和引导，小规模私有林地联合经营面临重重困难。此外，转型期国家一直以来没有针对私有林业发展对原有林业政策进行适应性的改革，政策的滞后从整体上导致私有林业经营的扭曲。

1.2.3 私有林主合作经营的主要特点及政策趋势

从1844年英国第1个合作社成立至今，合作经济已有160多年的发展历史。世界各林业发达国家都有不同类型的林业合作组织。这些合作组织既是私有林经营的主体力量，也是国家扶持和管理私有林的主要途径。

David B. Kittredge（2005）比较分析了私有林业联合经营情况，他发现19个国家中总共有超过3 600 000名私有林业主以某种形式参与了合作协会（澳大利亚、奥利地、比利时、加拿大、芬兰、瑞典、丹麦、德国、法国、日本、韩国、瑞士、荷兰、英国、爱尔兰、新西兰、挪威、立陶宛、斯洛文尼亚）。这些业主总共累计面积估计达到28 300 000公顷。数以百万的私有林业主加入了某种形式的合作，这些林业主合作有如下的特点：①合作不只限于在信息和教育方面；②合作行为可以带来数以百万立方米的进入市场的木制品。

Chris（1998）等人认为北美的私有林业处在十字路口，私有林业政策正处在转变之中。他们回顾了加拿大的私有林业政策，分析了政策失灵问题，对20世纪70年代中期以来变革的压力及其引发的政策改革进行了阐述，并提出了推动私有林业可持续发展的途径。Chris详细地阐述了推动私有林业可持续发展的经济手段、宏观调控手段和结构性手段，对产权制度、社区政策和林价政策对私有林业可持续发展的影响进行了分析，论述了优先用途区划（Priority-use zoning）的必要性和意义，对传统的永续利用理论进行了重新认识，对生态认证的潜力进行了展望，同时，对管制、税费、补贴与环境保护的关系进行了阐述。

Maurizio等（1999）概括了私有林业政策制定和实施的现状，认为在政策制定方面取得显著进展的同时，在政策实施上还存在着很多缺点。他们讨论了由于贫困或者由于未能实施而造成政策失灵的原因，并把注意力集中在私有林业政策手段上，认为政策手段对政策制定和实施都至关重要，处在私有林业政策过程的核心。通过对政策实施方面进行的科学调查，他们强调政策手段问题是如何被忽视的，进而对各种林业政策手段的性质进行了分析。首先考虑的是强制手段和有法律约束力的司法手段。其次，分析了各种经济手段。最后分析了市场化的政策措施。他们强调了对具体问题进行具体分析进而采取最有效政策手段的重要性，而且强调应密切注意不同手段间的平衡使用，即最优政策手段组合的重要性。

1.2.4 影响私有林主合作经营的主要因素

Kittredge认为，为了巩固其资源，一些基于金融或市场形成的组织会吸入更多的当地小型组织加盟。例如，瑞士曾经有几十个组织，但是目前只剩下5个大型组织。此外，这些源于金融的组织通常能在市场上获得增值的利益，除了圆木协商销售之外，还延伸到了工业领域。很多北欧国家和日本的组织还形成了大型的产能（锯木厂）。在瑞士最大的合作组织拥有它自己的世界最大产能之一的纸浆厂（Kittredge，2003）。Rockenbach 等认为林业主在空间和时间上合作地管理，从而形成了集中的管理决策，完善了他们周围自然、文化和经济上的资源。这种行为可以等同认为是基于生态系统的管理方式（Rockenbach 等，1998；Leak 等，1997）。

但是，有时候林地合作经营组织并不是万能钥匙，甚至在那些合作已经成功几十年的国家里，合作组织并没有能吸引到全部的林业主。在芬兰，所有的林业主需要根据法律来进行合作，参与率为75%（Koistinen，1998）。在瑞典，那些让人印象深刻的拥有成千上万的林业主的组织也只是吸引了约一半的非产业私有林业主（Kittedge，2003）在日本，大约2/3的潜在林业主，3/4的潜在林地都加入了合作（林业所有者合作协会全国联盟、日本，1991）。在德国南部的巴伐利亚州，全部潜在林业主的24%，68%的潜在非产业私有林业林地加入了合作（Beck 和 Spiegelhoff，1997）。很明显，合作并没有万能的吸引力。这表明合作的方式并不是用来加强林业合作的公认的万能解决方案。

是什么原因让一些林业主没有参与合作呢？David B. Kittredge（2005）认为有如下原因：①总体对他们的森林不感兴趣；②对他们森林的经济价值不感兴趣，与大多数主要为了经济利益而合作不同；③不信任组织或林业专业。不喜欢当地合作机构领导人或者对其有个人偏见；④相信自己能够更好地管理自己的林地，可以独立地更多的回报；⑤没有真正地加入或参与，却有免费搭车或者间接地获得到足够的合作利益的能力（例如，合作对总体价格的影响，合作的政治影响给私有林业主带来了利益）；⑥缺乏成熟的木材，因此没有加入合作的任何市场动机（例如奥地利、日本、韩国、英国和爱尔兰的造林所有者）；⑦通过一种不同的模式已经满足或者实现了林业需要/利益（例如直接与工厂/工业木材买家共事，直接与独立的林业咨询人员共事，直接与公共部门林业人员共事)；⑧感觉到参与"成本"(费用，时间，向当地合作机构出售木材的可能义务) 不能超过参与"利润"(例如市场中的经济规模)。

合作并不是在所有的国家中都存在。在某些情况下，这可能是由于私人手中的林地数量相对较小(例如希腊) 或者森林由公共的或者共同体所有(例如意大利和西班牙的山区)。这些处于过渡期的国家具有正在归还到各种条件的私人和用于各种发展阶段的经济。信息的缺少当然也可能是由于语言障碍或者需要另行研究(David B. Kittredge, 2005)。

Suda 等 (1999) 回顾了在巴伐利亚合作的阻力，仅仅考虑了从多个持有者那里的圆木运输。他们描述了如下需要克服的合作阻力：①经营前景或林业主的个性；②交流和信念与知识的差距；③权利和政策或规则(特别是与环境保护有关的)；④管理的经济利益：为了金融利益，一些林业主具有管理方面高度的优先权，而其他人没有；⑤林业主的家庭结构；⑥技术差别。

有些林业主对其林地不十分关心甚至是冷漠可能是存在其他的障碍。很多林业主，特别是非本地居民林业主数量的增加，没有时间或者精力贡献到其林地上来，因为他们被需要更加关心的日常生活给占据了全部时间(Finley, 2002)。

在挪威，合作管理下林业增加的净现值反映出关于私有林业管理的经济学研究意义，由于更大的管理单位的效力和适应环境约束更好的能力，更大的管理单位趋向于具有更高的净现值(Hoen 等, 2000)。另外一份研究对 259 个具有理论意义的合作管理的个体林业主，就收获水平作了对比。结果表明，合作增加了木制品出路和跨越时空的分配收获行为，收获水平增加了 8.1% (Hoen 等, 2000)。其他的经济研究文件增加了效率研究，譬如当地生产同样数量的木材，但是合作降低了 20% 的成本(Hoen 等, 2000)。根据 Corten 等 (1999) 所说："研究显示那些成为合作林业团体成员的林业实体比那些尚未联合的实体获得了更好的经济收获(每公顷每年平均多出 100 美元)"。

在对苏格兰私人土地所有者合作情况进行分析后，Gemmell

(1996) 指出：伙伴关系就是与其合作，这是一个组织任务或目标管理的方式。这是一个关系，一种确定和实施共同目标的手段，并附和责任。如分摊费用，任务，风险，责任，利润和赞扬，他还进一步强调沟通和信息在决定我们如何彼此做生意的关键重要性。成功的合作伙伴关系或土地所有者的要求包括以下特征：领导能力，决策能力，组织能力，健全的思想，想象力和勇气。两个人类最大的弱点是缺乏想象力和不自信。

Ottitsch (2001) 提出了促进森林管理合作形式的两项建议：①“通过个人利益的奋斗达到共同利益”，人们似乎不太愿意在社会良心缺失和同行压力下采取行动；②“制定相应的义务和正式承认的慈善服务”。合作并不一定能带来经济利益，但这些成果对社会来说是非常重要的（例如野生动物栖息地，生物多样性利益，水质）。

Nadeau 和 Thompson (1996) 认为，联合经营在涉及管理和来自非工业、私营、小型森林生产的木材产品时，无论是在力度、合作的类型以及权力的放弃和责任要求上都有很大的区别。

Finley 等 (2002) 认为，在关注林木产品收益还是注重保护环境方面，许多对土地所有者的态度调查（如 Finley，2002；Belin，2002；等）已经表明，他们往往对前者更感兴趣，而对后者则不怎么感兴趣；在确立一个明确的合作理由之后，一般在头几年需要一些机构的支持来成立一个组织从而渡过成长期间的困难，还需要高度积极地维持与一批当地领导之间关系，以及好的决策能力、沟通能力、创意和勇气。

1.3 中国集体林地细碎化演化过程及政策变迁

1.3.1 林地细碎化过程回顾

在我国，林地细碎化与农业土地细碎化改革几乎是同时进行，林地细碎化过程出现过反复，且主要发生在我国南方集体林区。从其过程的发展方向来看，林地细碎化过程大体可以分为三个阶段：一是 20 世纪 80 年代初期的细碎化阶段；二是 80 年代后期到 90 年代市场化机制下细碎化阶段；三是 21 世纪初期以“确权”为形式的细碎化阶段。

（1）林业分散化改革的第一阶段——“三定”时期

1981年3月，中共中央、国务院发布《关于保护森林发展林业若干问题的决定》，推行以“稳定山林权、划定自留山，确定林业生产责任制”为主要内容的林业“三定”工作。

该阶段主要有三种林业经营形式：一是自留山经营形式，特点是山权不变，林权归己，允许继承。二是责任山经营形式，特点是集体拥有林地所有权、农户拥有林地经营权和部分林木所有权，收益权在集体和农户之间分配，农户无林地处分权。三是集体经营形式，集体对没有分配到农户的山林实行统一经营。

研究表明，20世纪80年代中期，南方集体林区实行家庭联产承包经营的约占集体林总面积的69%，但是各地承包经营的程度不同，如江西、广东、湖北、浙江和湖南等省（自治区）比例在75%～92%，其他地区，如福建省只有32%的集体林地实行了家庭承包。本次改革加快了林地细碎化进程。原林业部统计表明，到1984年，南方集体林区9个省（不包括海南省）约90%的集体林地户均0.43公顷，人均0.04公顷。其中“二户一体”（林业专业户、重点户和林业联合体）经营发展到400多万户（陆文明，2002）。

关于林业“三定”改革，国内学者也给出了一些评价性研究。张春霞、郑晶（2009）认为林改的含义在于“稳定山权林权”，实际上是对各个集体之间不清晰的山界和林权进行界定；“确定林业生产责任制”是尝试着进行所有权与使用权相分离的多种形式，探讨了多形式的责任制。

刘苇萍、王礼权（2007）认为，“三定”在操作方面除了开展单一的确权之外，并没有考虑与之关联的收益权、处置权落实问题，更没有考虑与之配套的发展体制、机制和政策问题。

狄升（1994）认为，“三定”其实就是把集体林地的经营权、管理权由集中向农户家庭分散的过程。虽然它承认了森林资产所有权的分离，但是在政策实施过程当中，林农对改革开放政策的持续性抱有怀疑，对林业长期开发的预期也不乐观，以至于乱砍滥伐现象严重，林木蓄积量锐减。对此，1987年国家政策出台，严格执行年森林采伐限额制度，停止分山。

在中央政府决定重新垄断经营木材市场并加强林业管理之后，许多家庭经营的林地又被重新收归集体经营（徐晋涛等，2008）。

(2) 林业分散化改革的第二阶段——林权市场化运作时期

1993 年，中共中央发布《关于建立社会主义市场经济体制的若干决定》，这个决定允许“四荒”拍卖。随后，山西、内蒙古等省、自治区开展拍卖荒山、荒坡、荒滩、荒沟（四荒）使用权，加速小流域治理。

“四荒”地拍卖是在土地所有权不变的前提下，其使用权有偿流转的一种实现形式。陆文明（2002）认为，“四荒”拍卖是为了解决行政性承包土地制度存在的低效率分配和林地过于零散不成规模的问题。但是，“四荒”拍卖的对象主要是那些还没有分到农户家庭承包经营的集体林业用地。林地拍卖实际上是以市场有偿规则代替原行政分配规则出现的集体林地权属细碎化，因为，林地购买主体主要是农民和其他个人。根据陆文明（2002）的研究，1996 年全国大约有 3 060 000户农户家庭购买了荒山，面积达到 377.9 万公顷。这一阶段参与购买林地的主体不仅仅是农户，还包括公司、企业甚至于相关政府部门也参与其中。这一过程持续时间较长，林地资源流转速度加快，规模迅速扩大。

很明显，通过林地拍卖，使原来属于集体的林地进一步向农户家庭转移，扩大了农户家庭林地经营规模，但是这并没有从根本上改变家庭经营为主的总体格局，林地地块细碎化问题仍然存在。

关于 20 世纪 90 年代出现的林地拍卖，国内学者从不同角度进行了探讨。耿怀英（2001）认为，“四荒”地的拍卖带动了增加收入、保护生态、多元投入三大效应，体现了农村“四荒”资源治理开发的战略地位。吕天军、马建华（1998）通过对山东省集体宜林“四荒”地拍卖调查指出，这一经营方式的出现能促进土地的适度规模经营。但是实践中仍然存在一些问题，如“四荒”地流转市场发育不充分，“四荒”地拍卖的法规不健全。在拍卖过程中林业部门的作用缺位，对拍卖的“四荒”地缺乏统一规划，拍卖后的“四荒”开发治理缺乏监督机制，拍卖资金管理较混乱，服务体系不健全等，这些问题不及时解决或加以规范，将会影响拍卖这一方式在开发治理“四荒”的生命力。当然，类似的研究还有很多。

(3) 新一轮集体林权制度改革阶段林地细碎化过程

2003年6月，中共中央、国务院颁布了《关于加快林业发展的决定》，明确提出，“进一步完善林业产权制度。要依法严格保护林权所有者的财产权，维护其合法权益。对权属明确并已核发林权证的，要切实维护林权证的法律效力；对权属明确尚未核发林权证的，要尽快核发；对权属不清或有争议的，要抓紧明晰或调处，并尽快核发权属证明”。《决定》发布之后，福建省率先开展了以“明晰所有权、放活经营权、落实处置权、保障收益权”为主要内容的集体林权制度改革。随后，江西、辽宁、浙江等省相继推进。2008年6月，中共中央、国务院发布《关于全面推进集体林权制度改革的意见》，明确提出“明晰产权。在坚持集体林地所有权不变的前提下，依法将林地承包经营权和林木所有权，通过家庭承包方式落实到本集体经济组织的农户，确立农民作为林地承包经营权人的主体地位”。2009年6月中央林业工作会议召开，提出要继续推进集体林权制度改革，认为“包山到户、包林到户”与“包田到户、包产到户”具有同等重要的意义。

截至2009年年底，全国已确权林地面积超过1亿公顷，占集体林地的59.4%，发证面积约0.8亿公顷，占已确权面积的75%（贾治邦，2009）。

2003年福建省集体林权制度改革主要通过承包方式实现，因此取得林地承包经营权的主体为农村承包经营户。在具体做法上，福建省采取较为灵活的方式，即分地到组、到户，实际取得林地承包经营权的主体除了单一农户以外，还包括联户这一较特殊的主体。此外，福建省还规定各村有一定比例集体预留地，可由村集体经济组织（村民委员会）、村民小组依照程序进行流转。

在借鉴福建省林权制度改革经验的基础上，江西省也进行了集体林业产权制度改革。采取“均山”、“均股”、“均利”等办法，以农户家庭人口等因素为依据，将集体林地经营权和林木所有权平均分配给农户家庭。其他的省区也相继开展了林权制度改革，其基本做法是将集体林地经营权分散给农户家庭。

林权制度改革促进了产权经营主体多元化的实现，也进一步加快了林地细碎化进程。集体林权制度改革后，林木所有者由原来的村委会变成了分散的个体户，经营主体发生变化，并通过市场流转，又将产生合作和合股等多种混合所有制，呈现个体、股份、合作和集体等多种所有制并存的局面（孔凡斌，2008）。

1.3.2 林地分散化引起的林地经营问题

我国几十年来林权制度改革历史变迁的整体趋势呈现出一个由分到合，再由合到统分结合的发展过程，我国林业生产进一步分散化，其经营模式一定程度上加快了政策制定与完善，促进了林业资源的有效配置，推动了林业的发展。但是，总体看来，由于林地分散化所带来的"小规模，分散化"农户经营在实际操作中，仍然存在不少问题。

（1）组织化程度低，经营规模不经济

我国分散林业生产基本上是以家庭为单位的，由于各家的经济条件以及劳动力供给限制，在这种生产模式下，组织化程度低，经营力量有限，对林业生产过程中的所有活动承载能力不足，很难满足其生产和生活的需要，制约了林业的发展（伍士林等，2006）。此外，经营规模上，很多地区的家庭式承包经营的面积一般较小，经营过程中，缺乏有效的产业衔接，规模小、产出低。

在我国工业化和城镇化快速推进的背景下，林地小规模的家庭经营将导致林业的兼业化，兼业化将可能导致林地利用率低，林业固定资产利用率低，工作效率低，生产成本高，同时，小规模经营也使产、供、销的成本大幅度增加（孔凡斌等，2008）。

（2）不利于森林可持续经营和林地生产力的提高

有研究认为，分山到户后，农民林业收入能否持续增长在很大程度上取决于农民长期经营森林的态度选择，而农民态度选择的因素非常复杂。总体上看，农民长期经营森林积极性最容易受到其林地经营面积、林地生产力和林品价格因素的影响。林地长期生产力决定于农民的投入强度，投入强度则取决于农民的投资意愿。通常情况下，农民拥有的森林资源面积越大，其经营森林的积极性越高，相反，农民经营林业的积极性降低。林地并不具备或不完全具备农地经营的这些特征。相反，由于林地经营存在地形地貌复杂、作业难度大、林地经营周期长、资金占有量大而周转速度慢、自然生态和市场风险以及营林环节投资回报率低等先天缺陷，决定了林业经营不可以简单照搬农地家庭经营形式，而且对于多数农民来说，分散经营林业可能并不是一条有效解决农民家庭收入增长问题的最佳路径。建立在家庭经营基础上的“小林经济”模式非但不能有效平衡森林资源增长和农民林业收入持续增长之间的矛盾，而且有可能加剧农民“私人经济理性”和政府“公共利益理性”的“激励不相融”，进而可能会导致集体森林生态系统功能的整体下降（孔凡斌，2008）。

1.4 中国集体林地规模化经营模式演化过程及政策变迁

规模经营就是对具有一定数量、一定范围的对象采取集中人力、物力、财力实施以科技为基础，以市场为导向，以效益为中心的一种集约经营方式。它能有效地克服小、散、乱、差的经营效果，形成高产值的经济效益。林业是一项周期长、见效慢、效益大、管理难的可持续发展的社会事业。目前，我国林业经济的发展开始进入一个调整产业结构，积极培育林业市场，提高经济效益为主要特征的新阶段。

自新一轮集体林权制度改革以来，福建、江西、辽宁、浙江等先行省份在深入开展农民林业专业合作社方面，探讨解决了一些深层次问题，主要包括：林权流转与发展农民林业专业合作社等规模经营主体的关系问题，积极探索有条件的农民林业专业合作社开展信用合作的有效途径和森林保险问题，如何发挥农民林业专业合作社在科技推广和构建新型林业社会化服务体系中的基础作用问题，如何正确处理好龙头企业、村集体经济组织、能人大户等与农民林业专业合作社和农户成员的关系问题等。截至 2009 年，全国有各类农民林业专业合作社 3.5 万个。

1.4.1　对林地规模经营问题的认识

国内外不少专家学者对林地合作经营有过研究，多数意见赞同小规模林地的合作经营。

近年来，国外学者对我国集体林经营中出现的家庭股份合作模式持赞同意见。基于对集体林经营所面对的自然和人为因素，提出该模式有助于实现利益共享，调动农户积极性，提高森林可持续经营能力、林业生产力、公平性，也使得具有专业技能的营林者拥有目标多样性的管理选择（Yajie Song 等，1997）。从社区林业角度研究了集体林区森林经营模式的转变。由于受到社会、文化、经济、生态环境等因素的制约，形成的新模式并未使得农户获得原有收益。农户能从非木质林产品经营中获利，为经营模式转变的有利因素（Yajie Song 等，2004）。认为我国西南地区出现了以家庭为营林主体的小规模林业生产活动，对于实现政策制定者确立的经济和环境双重目标具有积极作用，并提出政策支持、林业体系、乡村制度、多重规制是激发集体林发展潜力需要解决的根本问题。集体林权制度变革被认为是必要的，但并不完善，需加以考虑与构建正式制度安排相关的人力和社会资本投入以增强林农合作经营的能力（Horst Weyerhaeuser 等，2006）。

李智勇（2001）认为，从整个社会经济发展进程来看，林业始终处于弱势地位，其生态效益总是处于市场失灵的领域，林主无法由此获益。解决的办法之一是倡导合作化经营，林权归并。

王登举（2009）认为，在集体林权制度改革的基础上，加快建立以自愿合作为前提的林业合作组织体系，已经成为当前一项非常紧迫的任务。

冯彩云（2005）认为，合作经济组织是弱势群体的自助组织。无论解决劳动就业问题，还是解决弱势产业的发展问题，合作组织已经成为一种主流方式。

李近如、王福田（2003）认为，我国农民占有森林的主要目的往往不在于林业经营，而只是一种财产拥有的表现。在这种条件下，很难通过林地的流动达到扩大林业经营规模的目的。为此，必须在自愿的基础上，大力发展农民合作经营组织并赋予其真正的独立经营地位。

刘宝素（2006）认为，以个体劳动为基础的分户经营体制，日益暴露出小生产的局限性。他认为这种经营形式与发展现代林业之间存在诸多矛盾。林农认为林地是自己的了，不受任何约束，于是出现了随意处置林地甚至撂荒的情况；而林地本身分配时造成的优劣林问题，采伐指标的分配问题以及林农本身能够投入的资金劳力等问题又造成了利益分配的不合理；分户经营的农户缺乏一定的技术，风险成本高，并且缺乏销售能力以及产量小等原因，都导致个体林农在市场上缺乏竞争力；分户经营受资金、技术劳力、资源的限制，不利于山地的规模开发和林业结构的调整，形成不了规模效益；分户管理容易造成“一家看护众人偷”，乱砍滥伐现象严重，林区秩序难以维持。

曾华锋等（2009）认为，家庭承包经营责任制在建立林业生产环节的激励机制和确保林业经营收益实现的同时，也表现出农户预期收益不稳、短期行为严重、土地集中和林业规模经营难以实现等缺陷。

罗立平和李红军（1999）也阐述了分户经营在规模优势及经济效益上的缺陷，四川、广东等地的林地规模经营的例子说明，规模经营能有效地克服那种星星点点、小打小闹的生产局面；能有效地组织丘岗山地综合开发；更能有效地将农户、基地、公司三者利益直接捆绑起来，具有明显地覆盖面大、商品量大、流通量大、效益好的市场特征。

但也有的学者持反对意见。例如，高立英（2007）认为，目前我国的国情还不适合搞规模经营，她对林地规模经营论的几个观点提出了质疑。林地规模经营论认为，规模经营能将林业由粗放经营为主向集约经营为主转变，能够转移农村剩余劳动力，节约经营成本。而高立英则认为，集约经营强调的是单位面积要素利用率和产量的提高，而不是以经营面积的大小为依据的。分散经营条件下，由于产权明确，权利和义务比较对称，为了使产出最大化，林农必然会对自己的林地进行精耕细作，加大劳动和资本的投入量，提高林地利用率和经营水平，进而提高林产品产量。对于转移农村剩余劳动力的观点，她认为农村劳动力存在数量巨大且素质普遍偏低的情况，一旦被“剩余”了，则很难向第二、第三产业转移。而且，她认为由于中国还缺乏相应完善的管理机制和流转交易规则，可能导致契约实施过程的成本增加，而且集约经营对管理技术的要求偏高，容易出现管理失误造成的损失，而分户经营给林农带来的经营热情则反而有可能使得净效益更高。她认为，没有依据“成本—效益”法进行严格分析的结论是不可靠的，分户经营符合林农的意愿，并且指出林业本身对技术的要求比较低，单个林农完全可以负担得起，我国林业还不适于规模经营。

1.4.2 林地规模经营的条件

（1）影响土地规模化经营的因素

目前，绝大多数学者归纳的土地规模经营条件，主要是劳动力从第一产业向第二、三产业的转移，也就是农业劳动力的非农转移，其次就是农业机械化程度的提高。

屈茂辉（1998）提出了土地规模经营的三个条件：“实行土地规模经营，一般应具备这样三个条件：一是非农产业比较发达，其总产值至少要超过农业总产值；二是农业劳动力必须有50%以上向非农产业转移，且有比较稳定的收入；三是有比较完整的社会服务体系，能有效地为农业的产前、产中和产后服务。”他对于劳动力转移这个条件，还进行了量化，认为农业劳动力的非农转移至少要达到50%以上。而中国经济体制改革研究会副会长迟福林则觉得要非农转移要达到60%～70%，才能构成土地规模经营的条件。

史清华（2005）认为，就经济特征而言，农民与一般商家没有多少差异，追求利润最大化是其家庭生产经营的首要目标，他的投资、用工以及土地的配置也必然以效率最大化为指导。因此，土地规模经营意愿在一定程度上反映了广大农民通过土地规模的扩张实现其家庭收益、效用最大化的欲望（张忠明、钱文荣，2008）。

谢正荣等（1999）提出三种经营方式生产水平的效率与经营承办者的素质、农业投入的能力及推广新技术的力度密切相关。

日本学者速水佑次郎和神门善久（2003）以日本情况为例，得出土地规模经营的条件是农业机械化水平的提高。

李莉（2007）则认为，农业劳动力的非农转移以及农业机械化程度的提高，都只是土地规模经营的外生条件。她在文中主要讨论了土地规模经营的内生条件。在要素能够自由流动，且边际土地生产率大于边际劳动生产率时，需要增加土地经营规模，土地经营规模应增加到边际土地生产率等于边际劳动生产率时为止。

柴高潮（2004）认为我国推行土地适度规模经营的时机已经成熟。这个结论主要基于以下四点理由，一是劳动力转移已逐步形成气候，二是农机化水平有了较大发展，三是农业社会化服务在国民经济中所占的比重已经提高，四是劳动者素质大幅提高。

（2）影响林地规模化经营的因素分析

刘伟平、张建国（1994）通过对三明市农户调查指出，农户对传统集中统一经营方式十分厌恶，实质上就是根深蒂固的小农经济思想无形中发生作用，农民联户经营难以形成。冯彩云（2005）认为，林农自身素质限制影响私有林的发展。

黄森慰（2008）认为影响林地经营方式的因素主要分为两个部分：一是主观条件，包括农户的身体素质、知识素质、专业素质以及林农自身对经营林业的认识等。二是客观条件，主要包括采伐限额、经营规律、经营环境和政府补贴等因素。

最近，肖平、张敏新（2010）以亚洲纸业有限公司为例，研究了集体林权制度改革后企业面临的林地规模化经营问题，认为，林地产权控制的分散化、不完全的产权安排因素降低了林工纵向一体化的战略效率，这种影响主要表现在：企业获取林地资源的谈判成本过高、林地租金明显提高、合作不确定性增大、交易成本上升等。

刘伟平、张建国（1994）在对股份制合作经营形式的研究中认为，南方集体林区森林资源比较丰富的地区，非林产业都不很发达，县、乡政府的财政和村委会的资金收入主要依赖于林业（有的地区 80%以上来自林业）。在新体制建设过程中必然要规范收入分配制度。如果非林产业发展不能大大改变其收入结构，那么新体制建设对县、乡政府和村委会利益的影响在所难免。因此，改革只能在地方政府对“改革成本”的承受能力范围内进行。失去县、乡政府和村委会的支持，改革同样不可能成功。

关于政府在林权制度改革中的作用，有专家提出了不同的看法。例如，许向阳等（2007）认为，林改后出现的各种林业合作经营模式，政府部门是最主要的推动力量。洪燕真等（2009）认为，福建省林业经营中集体及政府长期占据主导地位，林业合作组织被政府定位为集体林权制度改革的配套改革。此外，由于目前林业合作组织的规模与数量还远不能满足林业生产和经营的需要，林农组织上的松散性和联合愿望的欠缺等原因，致使政府作为干预林业合作组织发展的第一力量情有可原（许向阳、聂影、张建华，2007）。但是，林业合作组织体现着政府的意志，在相当程度上又可能只体现着政府官员的意志。在农户支付相当成本后，这些制度性服务的传递过程中却无法完全体现处于劣势的农民的意愿（何国平，2006）。因此，行政权力过度干预的福建省林业合作组织的发展容易造成“民办、民管、民受益”的合作原则的扭曲。

刘伟平、张建国（1994）认为，集体山林经营方式改革有利于经营效率和水平的提高，但是改革带来的利益调整又使林业企业受到冲击，这种多目标的冲突将使林业局在新体制建设中处于“两难抉择”之中。新体制的建立将失去重要的支持。因此，南方集体林区集体山林经营方式改革必须综合考虑县级林业局的改革，并且在利益冲突和目标冲突协调中充分发挥林业局的积极作用。

1.5 林业规模化经营模式及绩效评价

1.5.1 已发生过的林地规模化经营模式

20世纪80年代中期开始，在南方集体林区先后出现了各种不同的林地经营模式应运而生，主要的模式有：承包经营、租赁经营、股份合作制经营等形式，各种模式的特点和具体实现形式列于表1-1。

沈月琴等（2000）认为，尽管集体林区林业经营形式多种多样，但在实践中起主导力量的主要经营形式有农户家庭经营、股份合作经营、集体经营等。

表 1-1　林地经营模式分类表

经营模式	特　点	具体形式
承包经营	山权不变，林权归己	联户承包 家庭承包 抵押承包
租赁经营	一次性或定期上缴林地租金	农户租赁集体林地 外商租赁集体林地 国有林场或其他单位租赁集体林地 私营企业主租赁集体林地
股份合作制经营	山权不变，林权共有，实行资源、资金、技术的优化组合，流动性强，形式多样	农户间合作 外商与村组（农户）间合作 创建林业合作社 集体林场间合作 活立木拍卖 改包为卖 绿化带拍卖 转让中幼林经营权 转让果园经营权

1.5.2　关于林地规模化经营模式绩效的评价

（1）当前存在的几种林地经营模式

徐晋涛等（2008）对福建、江西、安徽、湖南、山东、辽宁和云南7个省份的林地经营模式研究中，将现有的集体林业经营模式归为5大类：①家庭经营：指的是林地由单个农户家庭经营管理，包括林业“三定”时期划定的自留山、责任山、承包山和租赁山。②联户经营：指的是一组农户在自愿的基础上联合经营一片或几片林地。③小组经营（或自然村经营）：以生产小组或自然村为经营单位，这种经营模式类似于社区共管模式。④林地流转经营：指的是外村的个人或组织通过签订合同的方式获取某个村的林地的使用权和管理权。（这种模式有时候也被称为是“市场经营”)；⑤集体经营：林地由村委会统一经营。并认为中国农村地区的林业产权体制的形成与当地社会、经济和政策等因素息息相关。通过民主决策形成的产权模式体系，在不同地区存在较大差异。

裘菊等（2007）通过对福建省村级调整数据的整理分析得出，改革后山林经营方式在结构上的变化特点表现在以下几个方面：①集体经营的林地比重迅速降低。集体林基本实现了多种经营形式，不同微观产权主体并存的局面；②单个家庭承包经营成为最主要的经营形式。单个家庭承包经营包括“单户经营”和“谁造谁有”两种形式。③联合经营形势大量出现。联户经营是适应林业经营特点而产生的新的经营管理模式，既有效规避了山林划分的困难，减少划分中出现纠纷的可能性，又有助于实现规模经济。④“转让”是集体经营林木转变经营方式的重要途径。总体来说，家庭经营成为主导型经营管理方式，同时伴随着联户经营合同或转让等方式进行。

新一轮林权制度改革后，促进各种新型林业经营组织模式的出现。洪燕真等（2009）对2006年福建省林业厅的有关资料分析发现，2006年福建省各种林业合作组织已有2 426个，比林改前的2002年增加了952个，增长了65%，拥有会员11.3万人。这些模式主要包括：股份制、家庭、合作制林场、企业与农户合办基地、服务性行业协会以及专业合作社等6种形式。

（2）农户家庭经营模式的评价

周国模等（1999）认为，农户经营的山林皆为落实林业“三定”所分得的自留山和责任山，调动了农民生产经营的积极性，取得了明显的经济、社会和生态效益。但是，实践中也出现了一些新矛盾：①分散家庭经营与规模经营相矛盾；②家庭经营目标与林业多种效益相矛盾；③家庭经营与生产要素优化配置相矛盾；④家庭经营与可持续林业的公平性相矛盾；⑤家庭经营能力与市场经济的高风险性相矛盾。

（3）集体经营模式的评价

“三定”后，出现了乡村林场和村统一经营形式。其中乡村林场经营形式存在两个严峻问题：一是部分林场名存实亡，没有稳定的资金来源和收入，又缺乏专业人员，独立生产经营能力较差，难以为继；二是林场仍是乡村行政组织的附属物，政企不分，经济关系不明确，致使大部分乡村林场不能成为独立的经济实体。村统一经营形式有 3 种情况：一是经过改革建立专门机构，独立建账；二是选举或成立山林管委会，有兼职人员管理；三是延续大集体的体制，直接由村委会管理。这种村统一经营形式的所有权和经营权合一，但缺乏民主管理，利益不直接，挫伤了生产者的积极性（吴静和，1994）。

（4）股份合作经营模式的评价

在 20 世纪 80 年代末，福建省林业部门开始推行集体林经营的股份合作模式。这种模式的核心内容就是保持林地集体统一经营不变，每个农户按照家庭人口数占有一定比例的股份，并以此为依据分享经营收益。股份合作经营模式在当时受到了林业管理部门的高度赞赏，并期望在全国范围内推广。因此，由国务院批准在最早实行股份合作制的三明地区建立了“改革实验区”。

股份经营在理论上解决了产权私有化与林业规模经营之间的矛盾，在初期也看似是一种应对资源保护问题的有效措施（徐晋涛等，2008）。

但是，“分股不分山，分利不分林”的股份合作经营模式模糊了农户和土地间的权属对应关系，在福建省实行股份合作体制 15 年之后，这种体制所带来的问题逐渐凸现出来。首先，农户从股份合作经营中所获得的林业收入在家庭总收入中所占的比重非常小，即使在林地资源占当地土地总面积 60%以上的地区，情况也是如此；其次，由于缺乏农民的配合，森林保护对地方林业管理部门来说变得越来越困难（徐晋涛等，2008）。森林火灾发生的次数在 90 年代大量增加，而人为原因是火灾发生的主要原因（苏永通，2007）。

孔明等（2000）以永安市和尤溪县为例，详细研究了福建省三明市的林业股份合作制。他指出，当时的林业股份合作制度的安排更倾向于合作制，股份制内容并不多。当时的股份合作制大都是在自然村或以行政村为单位的较小范围内运行，存在制度不完善、运行效率不高等问题，而政府对于股份合作制给予了过多的干预。林业内、外部因素共同作用导致了林业股份合作制度虽然促进了林业产出，但却无法使得广大农户获益。刘伟平和张建国（1994）梳理了三明市集体林权制度改革的过程，对林业股份合作制的产生、运行过程、绩效、不足等进行了细致的分析。

卢榕泉（2007）以永定县为例，对几种林业经营模式进行了比较研究并认为，租赁经营的特点是投资人经济实力雄厚，经营规模大，集约经营水平高，经营效益较好，但这种方式经营增益全部归投资人，容易造成林农长期失地失山，与村民利益关系不紧密，山林管护难度增大，甚至在一定程度上会激化投资人与村民的矛盾；合作经营主要按所采伐出材量或木材收益进行比例分成，投资人与企业、林农共享经营增益，利益关系比较密切，可以避免林改后林农再次出现长期失地失山的现象，有利于林木管护，加上有后续资金投入保障可弥补林农自己资金的不足，有利于林农增收和农村的和谐发展。农民合作经营是林农在自愿的基础上，通过亲情、友情、资金、技术等力量走向联合，形成家庭林场、股份合作林场等林业经济合作组织和经营实体，是一种适应新形势下的林业规模经营模式。

刘宝素（2000）认为，在林业生产中推行农村林业股份合作制是适应林业经济发展的重要途径，股份合作制是在公有制的基础上，把股份制优势嫁接到合作制上而形成的一种新型经营形式，是一种高级的合作制，有利于形成新的社会生产力，认为这一模式促进了社会资金流向林业，促进了林业变粗放经营为集约经营，提高了林产品的市场竞争力和商品优势，明晰了林业产权关系，保护了投资者的合法权益以及促进了森林资源的保护和管理。

谢旺生（2008）也认为创办股份合作林场，走合作经营的路子，是集体林权制度改革后，面对千家万户林权分散、经营单位变小等新情况，有效解决规模经营、集约经营等问题的途径，实现林地规模化集约化经营。他还介绍福建省光泽县对于股份合作林场的做法，包括培养“经济”能人，允许以山入股，实行专业造林并建章立制。在光泽县扶植建立股份合作林场，解决了林改后林农单家独户的发展之苦，解决了林地流转与林农再次失山的矛盾，解决了村级增财与林农增收等矛盾。

沈月琴等（2000）提出，实践中股份合作制存在组织机构不健全、操作欠规范、手续不完备、量化山林资产即资产评估困难、林业经营效益总体欠佳、分配比例不尽合理等问题；同时，股份合作经营形式大多仅停留在营林上，加工流通等领域推行较少。

1.6 林地联合经营政策研究评价及展望

1.6.1 关于分散经营和规模经营模式选择及适应性问题

从国内外理论和案例研究情况来看，林地经营模式的选择问题比较复杂。不同角度研究得出的结果存在一些差异，而且现有的研究仍然存在很多需要进一步关注的问题。

单从经济学理论角度研究，规模化经营是一种趋势，在理论上有其合理性，同时也是一种提高林地经营水平的合理选择。例如，从社会经济发展阶段论的角度看，我国整体已经进入工业化加速推进阶段，在这一阶段上，农业工业化、林业工业化是必然的选择。无论是工业生产还是农林业生产，规模化经营是流行的模式选择。这是一个整体的判断。但是，我国林业产业化、工业化的阶段是否也处于这样一个加速推进的阶段，或者说我国林业工业化加速推进所需要的具体社会经济环境是否具备或者完全具备？甚至说在当前林业作为生态建设的主体地位的条件下，我国集体林业全面工业化是否有现实的必要？这些理论问题至今还没有得到很好的解决。这或许是我们未来的研究中需要加以不断探索的地方。我们将从发展经济学理论和林业政策实践的双重角度系统分析制约集体林自愿联合模式的内部和外部因素，为后续政策设计提供理论指导。

从农户角度来看，林地经营模式选择决定于农户林地经营的经济收入的大小，从短期情况来看，无论是采取分散经营还是合作经营，只要能够增加农民收入水平，则是农民最愿意的选择模式。合作经营收入分配模式和分配效果是影响农户经营收入的重要因素，分散经营对农户的收入效果比较直接，而合作经营的分配比较间接，受制度和外部因素影响，合作经营的农户收入增长效果有时候并不明显。因此，从农户选择的角度来判断，不能简单地断定某一种经营模式是最合适的，或者是可以普遍推广的模式。可能在有的时候，分散经营模式更符合农户的个人利益，合作经营可能在解决资金、劳力、技术以及产品销售等方面给农户带来实在的好处，但是好处到底有多大，这一好处是否真的优于分散经营？因此，对这些疑问，要具体情况具体分析，需要通过比较不同地方、不同农户家庭经营不同林地的实际收益情况来研究林地规模化最适宜的模式，这也是未来研究中需要关注的地方。为此，我们将重点对集体林农户和其他经营主体自愿联合的模式及模式选择的因素分析，为政策设计提供直接的参考。

从森林可持续经营和产业发展角度上，相对于分散经营，规模化经营有其明显的优势。规模化经营可以集合资金、技术应用、产品销售和标准管理等方面的优势，按照产业化模式组织林业生产活动，并且由于林产工业企业的进入，可以比较好地实现林工一体化的经营目标，有利于提高林地经营效率，对现代林业产业化的形成和发展也有现实的好处。但是，在集体林地已经分散化以后，按照什么样的方式实行林地的再次集中，既要考虑到集中过程中的企业成本，又要考虑林地经营权所有者农户的利益，有的时候还要考虑地方政府的利益。如果单从单一利益主体角度设计规模化经营的模式和相关政策，或者简单套用农业规模化经营模式，可能存在“以偏概全”以及模式不适的问题。显然，规模化经营中各利益主体之间的利益平衡问题是需要深入细致研究的问题，这是未来研究需要认真关注的。为此，我们将就集体林产权制度改革林地细碎化对森林资源经营的影响程度、作用机理进行必要的分析，对集体林业产业化过程中的集体林自愿联合经营模式各利益相关者的利益分布和实现形式进行比较，从而为设计均衡利益的引导政策提供科学依据。

从森林生态保护的角度看，现实中的集体林地分散经营模式存在不利于森林资源保护的弊端，这一弊端已经在南方集体林区不同程度地出现，乱砍伐森林的行为实际上在很多地方出现，而且遏制的难度比较大。从根本上来说，现阶段中国大多数农民仍然还是追求短期收入的理性“经济人”，经济收入是其根本的追求，在获得林子后，砍伐森林获取经济收入是其理性的选择。更何况，对多数农民来说，人工用材林森林生态效益是一种无法获得经济补偿的公共产品，几乎和自身的利益没有太大的关系。作为政府，也不能过多的要求农民承担提供公共产品服务的义务。因此，分散化经营后，是否真的像官方和部分学者宣称的那样，森林资源保护得到了加强，林业“三防”得到了强化，森林生态效能得到了很好的维护甚至大幅度的提高？这些问题的真相以及原因在一定程度影响着林地经营模式的选择和适应性。如果分散经营恶化了森林生态保护的效果，是否有一种更好的经营模式来解决这个问题？如果分散经营真的有利于森林生态保护，那么其内在的作用机理和具体条件是什么？这也是我们研究集体林产权制度改革林地细碎化对森林资源经营的影响的一个不可忽视的角度。因此，我们在今后的研究中也将给予重点关注。

从政府的角度上来看，分散经营可能不是地方政府部门，尤其是林业部门想要看到的结果。因为，分散经营后，政府的监管成本有可能上升，而能够获得的实际利益会减少，比如收费成本、执法成本等的上升，而且分散经营状态加大了政府林业招商引资的难度。实行规模化经营后，政府部门有可能获得更为便捷的管理途径或者管理收益，而且引入大的公司企业集团进入林地经营环节，可以获得更为直接的投资、税收等方面的政绩，有利于对上树立良好的政治形象。那么，在林地实行联合经营实现规模化效益的过程中，政府的态度、动机和采取的干预政策有哪些？这些干预的措施的实际效果有多大？政府干预是否可能对林农经济收益、林地保护和当地社会稳定带来什么样的影响？这将也是我们对集体林自愿联合经营模式各利益相关者的分析研究中的一个重要视角。

1.6.2 关于鼓励林农联合实行规模经营的政策问题

目前，我国集体林权制度改革的重点仍然放在明晰产权的阶段，对促进林地规模化经营还没有制定出具体的鼓励政策。尽管如此，有些地方政府制定了一些鼓励林业专业合作组织发展的政策文件，比如江西省鼓励创办集体林场和林业专业合作组织，给一定经营规模的林业联合体以贴息贷款、林木采伐指标、抵押贷款等金融和林政政策优惠。这些政策对鼓励林农联合经营发挥了一定的效果，但是效果并不像预期的那样大。

在确定鼓励林地规模化经营的大前提下，如何以有效的政策鼓励林农实行联合经营，并达到对联合各方都有最优的经营效果，应该是相关政策设计的落脚点，也是政策创新的一大挑战。

从国内外政策研究和实践的情况来看，鼓励林地联合首先需要完善鼓励私有林发展的支持政策体系，这是私有林地走向联合经营的必备条件或者前置阶段。在我国，鼓励私有林发展的政策还很不完善，甚至没有太大的实质性进展，相关的研究系统性和针对性也不够强，致使我国私有林发展至今难以成为支撑中国林业发展的脊梁。集体林权制度改革后，林地经营权分散化得到比较彻底的实现。针对这一现实，围绕提高森林经营水平，增加林农经济收入和利于森林资源保护的多个角度，重新检讨传统林业政策对鼓励林地联合经营的适应性，找出制约集体林地规模化经营的一些不适应的地方，并以规模化经营条件下的政策需求为依据，重新设计国家和地方两个水平上的林地规模化发展的政策框架和政策要点。这是未来研究需要关注的重点。

1.6.3 关于鼓励林农联合实行规模经营政策研究的方法选择

中国地域辽阔，区域社会经济发展不平衡，农村发展水平和文化习俗特征、林情更是千差万别。从林权制度改革进程情况来看，目前，全国各地林权改革的进展不一，有的地方已经开始推进，也的地方刚刚完成主体改革，而且各地群众基础也不一样，对林地联合规模化经营的认识水平也不一样，采取的措施也有很多的差异，所取得的成效也是不同的。因此要重新设计一套适应性比较广的政策，就不能只以某一地域、某一个特定研究为依据，此前的研究多是这方面的研究，因此政策建议也难免存在诸多的局限性。因为，未来的研究需要在更广阔的地域选择有代表性的省、县、乡、村以及农户样本，对影响林地规模化的各种可能因素进行调查取证，对不同的经营模式的成效和适应性进行对比研究，对影响林地规模化内外部因素给出准确判断，在此基础上，才有可能对林地规模化经营的政策需求有客观全面的掌握，从而使政策设计建立在更为科学的基础之上。为此，我们将按照项目任务书的研究，全面收集全国 8 个项目省 16 个项目县约 2 880 个样本农户的数据资料，以及典型案例自然村、个人、企业等案例资料。

2 本研究的样本和实地调查

2.1 研究样本的选取

在全国选择有一定代表性的省（自治区）作为样本省，每个省抽取 2 个县，每个县抽取 3 个乡镇，每个乡镇抽取 3 个行政村，每个村随机抽取 15 个农户和 2 个林业大户作为地块调查样本。一共抽取了 9 个省（自治区）18 个县 54 个乡镇 162 个行政村 2 430 户农户，详细见表2－1。

表 2－1 设计样本点分布情况

单位：个，户

省（自治区）	主体改革完成年份	县（市）及主要地貌	乡镇名	行政村名	农户数
福建	2007	沙县县、顺昌县、山区	双溪镇、元坑镇、凤岗镇、大干镇、高砂镇、大洛镇	文坑村，山际村，罗源村，三姑村，西霞村，际硋村，龙慈村，龙江村，冲厚村，干山村，良坊村，慈悲村，陈布村，下沙村，余墩村，际下村，曲村，槎溪村	270
江西	2007	遂川县、铜鼓县，山区	碧州镇，双桥乡，营盘圩乡，棋坪镇，排埠镇，三都镇	碧州村，湾州村，桥头村，高陂村，九峰村，枫槎村，谭溪村，营盘村，珠湖村，永丰村，幽居村，战坑村，大槽村，三溪村，观田村，大夏村，丰林村，双溪村	270
湖南	2009	平江县、洪江市，山区	思村乡，黄金洞乡，梅仙镇，黔城镇，土溪乡，铁山乡	板桥村，水沅村，鱼塘溪村，冷溪村，凉竹湾村，袁家溪村，水田溪村，塘宝村，沅光村，蒋山村，思和村，塔坳村，大黄村，金星村，抛石村，高古村，高义村，新霞村	270
浙江	2006	德清县、遂昌县，山区	筏头乡，武康镇，三合乡，云峰镇，垵口乡，柘岱口乡	东姑村，开阳村，柘岱口村，东山村，郎家村，大造坞村，民进村，勤劳村，尹家村，安口村，大山村，石仓村，燎原村，城山村，后坞村，山民村，白沙村，水源村	270

（续）

省（自治区）	主体改革完成年份	县（市）及主要地貌	乡镇名	行政村名	农户数
河南	2009	浉河区、舞阳县，山区	十三里桥乡，吴家镇，浉河港镇，舞渡镇，辛安镇，九街乡	左利村，小庙村，寺河村，王畈村，尹台村，擒龙村，夏家冲村，龙潭村，郝家冲村，鹿庄村，官厅街，西大街，南赵庄村，庙后村，刘庄村，后魏村，王渡口村，田庄村	270
山东	2009	蒙阴县（山区）、莱州市（平原）	界牌镇，野店镇，联城镇，郭家店镇，土山镇，金城镇	野店村、常马村、尚庄村、元岭孙家村、泥东村、后坡三村，南村，凤毛寨村，小任家村，北坪村，潘家沟村，小山口村，埠西村，杨家村，院后村，河头泉村，任家城子村，桑子峪村	270
四川	2009	丹棱县、威远县，山区	龙会镇，观英滩镇，两河镇，张场镇，杨场镇，顺龙乡	中坝上村、观英村、勇敢村、万年村、官厅村，幸福村，杨水口村，廖店村，永兴桥村，广阳村，共同村，大兴村，金花村，青云村，青山村，相合村，杨岭村，杨坝村	270
广西	2009年开始林改	环江县、平果县，山区	龙岩乡，水源镇，下南乡，果化镇，旧城镇，同老乡	敢岩村，黄种村，安山村，三才村，山洞村，上南社区，古周村，希远村，中南村，布荣村，六孔村，龙色村，发达村，庆兰村，同利村，池塘村，那录村，平孟村	270
辽宁	2007	清原县、本溪县，山区	大孤家镇，清原镇，湾甸子镇，小市镇，东营坊乡，草河城镇	白水村，关口村，黑峪村，宫卜村，荒沟村，新城村，城沟村，柜子石村，磨石峪村，半拉山村，湾龙泡村，王小堡村，东猴村，四道河村，吴家沟村，西猴村，大边沟村，凤道村，红树沟村	270
合计	9	18	54	162	2 430

但是，我们本次实地调查的农户数量和预先设计的农户样本数量有些差异（表2-2），当然，这种差异是在外业调查工作完成后的数据统计阶段才发现的，少部分样本县的农户问卷和统计表由于各种原因如遗失、漏统等，没有达到预设的数量要求，如山东、四川、江西、浙江、福建4省，还有少量的省农户样本数量有多出现象，如广西和辽宁省。

需要说明的是，山东、四川和江西三省样本数量其实超过了标准的 270 户，因为这三个省增加了大户访谈程序，平均每个村都有 2 个大户接受访问，因此实际农户样本数量是每个村 17 户，但是，在内业数据统一整理时，这部分的数据可能被漏统了。

表 2－2　实际受访农户数量情况

单位：户

福建	广西	河南	辽宁	山东	四川	浙江	江西	湖南	合计
268	271	270	271	268	269	264	269	270	2 420

我们将全国 9 省（自治区）受访农户家庭人口也做了一个初步统计，受访农户家庭总人口为 9 978 人（表 2－3），受访人口是 2 420 人，这样，我们对农户家庭人口的访问率为 24.25％。

表 2－3　实际受访农户家庭人口数量情况

单位：人

福建	广西	河南	辽宁	山东	四川	浙江	江西	湖南	合计
1 165	1 273	1 150	1 026	907	1 060	1 052	1 206	1 139	9 978

需要说明的是，在农户访谈中，我们对随机选择农户家庭接受访谈的人有一个基本要求，就是要受访者应该是家庭中的主要劳动力，最好是户主。从我们最后的统计情况来看，受访的农民基本上是家庭户主，其比例大约在 80％以上，另外有一些受访农民是户主的女性配偶，也有极少部分受访者是有劳动能力的人，因户口本中户主是父亲，而父亲年事已高不方便出来接受访谈。

2.2　调查内容、方法和调查时间

（1）面上资料的收集

省级林权制度改革资料、样本县（市）的社会经济发展统计数据、林业基本情况及资源数据、林权制度改革文件、总结报告，典型经验资料等。通过网络、实地和委托林业局组织填表等方式收集。

（2）实地调查

同时在村级和农户两个层面展开。村级调查主要是收集样本村的自然资源、财务状况、人口状况等村级基本数据。村级调查主要有2套表格：①村级调查表。主要内容有：村级基本情况、基础设施情况、住房及用水电情况、土地利用情况、财务情况、公共事业投资、集体林地经营情况、收入和就业情况，产业经营情况，生态公益林林权证发放情况等。主要收集样本村“三定”时期、林改前、林改后以及至2009年的数据，由调研人员询问相关村干部填写；②村级问卷。包括村基本情况、村干部情况、村经济活动、收入情况、社会保障措施、林地产权变动情况以及林地流转情况等七大方面内容，以林权改革为主线，对村劳务输出，林业经营管理及林改的效益评价进行调查，了解各村实际情况和想法。采取入户访谈的方式完成填写。

（3）典型访谈

选取林业大户、村干部以及林业合作组织负责人面对面访谈，访谈的主要内容是林地流转、林业生产投入产出、林地规模化经营、林业合作组织、木材采伐管理、森林保护等，采取开放式访谈方法完成。

（4）专题补充调查

针对课题调查问卷和表格中对林业专业合作组织调查内容的缺失，我们于2010年9—10月，组织专门调研组，对江西省林业专业合作组织建设情况进行了专题补充调查和资料收集，并对江西省林业重点建设县或者林权制度改革试点县：浮梁县、靖安县、吉安市、上高县、新建县、婺源县等6个县（市）林地联合经营模式、经验和存在的问题进行了为期20余天的深入细致的补充调查。我们在对林地联合经营组织模式的经验分析中，重点以本次调查为资料依据。

3 林业“三定”造成的集体林地细碎化的状况及其影响分析

1978 年，中国开始了以土地经营制度改革为核心的农村改革，在农村改革的推动下，从 1982 年开始，中国对林地制度改革的探索一直没有停止过，其改革相继经历了土地改革、农业合作化（互助合作初级社、高级社）、人民公社、林业“三定”、林业分户经营等多次变革，其中林业“三定”（稳定山权林权、划定自留山和确定林业生产责任制）政策的出台，成为十一届三中全会后我国林业改革的一个重要标志。

3.1 “三定”时期以来林地细碎化过程回顾

1981 年 3 月，中共中央、国务院发布《关于保护森林发展林业若干问题的决定》，推行以“稳定山林权、划定自留山，确定林业生产责任制”为主要内容的林业“三定”工作。

该阶段主要有三种林业经营形式：一是自留山经营形式，特点是山权不变，林权归己，允许继承。二是责任山经营形式，特点是集体拥有林地所有权、农户拥有林地经营权和部分林木所有权，收益权在集体和农户之间分配，农户无林地处分权。三是集体经营形式，集体对没有分配到农户的山林实行统一经营。

这个阶段的集体林权制度改革的重要方法是按照林地质量、距离村的远近，家庭劳动力或者家庭人口的多寡，将原属于集体经济组织统一经营的林地以“自留山”和“责任山”两种主要形式分配给农户，每个农户得到几块或者十几块，乃至几十块土地，林地出现细碎化现象。

针对林地细碎化经营管理中存在的问题，1987 年中国政府出台了相应政策鼓励规模化经营，鼓励通过“国乡”联营方式，促进林地适当集中。由于各种因素的限制，政府鼓励规模化的政策并没有达到预期的效果，家庭经营方式依然占有重要地位，林地细碎化问题一直没有得到有效地解决。

1994年开始，中国政府鼓励通过拍卖集体“荒山”和林地的方式实行林地规模化经营，在一定程度上缓解了林地细碎化问题，但是家庭经营方式占主导地位的局面仍然没有得到大的改变。2002年开始，中国集体林区各省相继推动了新一轮集体林产权制度改革，并根据林地立地条件、距离远近、农户家庭人口等因素搭配分配林地，将90%以上的集体林地经营权彻底下放给农户家庭，造成每个农户拥有多块林地，每块林地面积大小不一，分布不连片，林地进一步细碎化。

3.2　“三定”时期林地细碎化状况

实践表明，林业是一种讲究规模效益的行业，只有经营规模达到一定的面积，才能实现轮伐，才可以实现收益的可持续性，林地过度细碎化会导致林权明晰带来的正向激励效果被部分抵消。

3.2.1　“三定”时期集体林区土地细碎化总体情况

“三定”时期集体林区土地承包的全面情况很难得到，现有数据也没有很好地界定。由于“三定”时期的林地细碎化主要发生在我国南方集体林区。本研究将南方地区8个省份20世纪80年代中期的零星资料汇集在一起（表3-1）。

从表3-1可以看出，20世纪80年代中期，南方集体林区实行家庭联产承包经营的约占集体林总面积的69%，但是各地承包经营的程度不同，如江西、广东、湖北、浙江和湖南等省（区）比例在75%～92%，其他地区，如福建省只有32%的集体林地实行了家庭承包。

本次改革加快了林地细碎化进程。原林业部统计表明，到1984年，南方集体林区9个省（不包括海南省）约90%的集体林地户均0.43公顷，人均0.04公顷。其中“二户一体”（林业专业户、重点户和林业联合体）经营发展到400多万户（陆文明，2002）①。

表3-1　1986年南方部分省林地承包经营情况

单位：万公顷，公顷，%

省区	集体林地面积	家庭承包经营	所占比例**
浙江	573	437	76
安徽*	379	280	74
福建	819	265	32
江西	927	858	92
湖北	704	575	82
湖南	1 114	833	75
广东	927	817	88
云南	2 031	1 117	55
总计	7 476	5 181	69

注：* 1982年数据。** 包括自留山和责任山。

资料来源：调查结果及《中国林业年鉴》（1986）。

3.2.2　“三定”时期集体林区土地细碎化状况分析

从上面的分析不难发现，我国农村实行林业“三定”改革后，农户需要经营多块林地。为了求证这一事实，我们还在全国一共抽取了9个省（自治区）18个县54个乡镇162个行政村2 430户农户作为研究依据。

表3-2　“三定”时期样本农户变量特征

变量	林地数量（块）	样本农户人口数（个）	户主年龄（岁）	户主从事种植业和林业的时间（年）	户主的受教育年限（年）
最大值	47	10	75	62	19
最小值	1	1	18	0.01	0
平均值	3.35	4.22	40.17	22.28	5.36

注：平均林地面积＝总的林地面积/林地地块数；平均农田面积＝总的农田面积/农田地块数。

① 陆文明．中国私营林业政策研究［M］．北京：中国环境科学出版社，2002：56－57.

表 3-3 “三定”时期各样本省（自治区）农户林地地块数量

单位：块

地块数	福建	广西	河南	辽宁	山东	四川	浙江	江西	湖南	户均
“三定”时期	1.83	2.13	1.38	2.25	1.13	6.31	4.06	3.87	3.02	3.35

“三定”时期，出于对公平的要求，林地分配时需要兼顾林地肥力与地块位置的差异，按人口平均分配土地，这就导致了一个农户家庭经营多个地块的状况，地块面积狭小，并且互相穿插。表 3-2 显示了“三定”时期样本户中林地最多地块数为 47；平均地块数为 3.35。从全国各个省份的数据来看，四川省的林地细碎化情况最为严重，户均 6.31 块，高出全国近 1 倍，山东省的情况最为乐观，每户平均拥有一块林地，基本不构成林地细碎化。相对而言，江西省和湖南省的林地细碎化状况最接近全国的平均水平（表 3-3）。

在调查中，还发现这些地块分布在不同的自然地块，即使在同一自然地块中农户经营 2 块以上地块，且这些地块也不相邻。由于地块面积是按人口多少和质量好坏为标准均分，这就导致农户经营的地块不仅面积小而且形状极为不规整，事实上加强了林地细碎化的程度。

3.3 “三定”时期林地细碎化造成的影响分析

林业“三定”政策的实施，使广大农民分到了自留山，承包了责任山，长期受“一大二公”体制束缚的林业生产力得到了初步的释放。但是林业“三定”政策的实施也导致了林地细碎化的出现。而由于林地的细碎化，致林权明晰带来的正向激励效果被部分抵消。

3.3.1 由于林地细碎化难以实现规模效益

家庭经营虽然具有委托—代理内置化等优势，但是由于林地细碎化以及每个家庭林地面积小，增加作业与管理成本，难以实现规模效益。

和其他经营资产不同，林地经营的管理和监督成本非常之高，经营绩效在短短数年时间根本体现不出来。原因很简单，一代林木一般要经过15～20年才能变为成熟林，即使是种植桉树之类的速生丰产林，至少也得七八年时间，农民从自身的经济理性出发，在短时期内是不愿增加投入的。林业“三定”政策让农民家庭来小规模地经营林地，将无法增加对林地的资金和技术投入，也无法防范因此而带来的经营风险，最终也就无法提高林地的经营绩效。

事实上，我国很多省份在林业“三定”时就把大部分的集体山林分给农户经营，但并没有带来林地产出的增加，而且越是山区的农民，生活越是贫困。所谓守着的“金山银山”，实际上和守着“荒山”没有多大差别。

3.3.2 由于林地细碎化增加了负外部性

由于林地的细碎化，在不同地块之间奔波花费的时间，运输费用以及其他一些因素都增加了，负外部性也增加了，比如邻里之间可能会发生更多的争执。实行家庭联产责任承包制时，地界都还没有完全划分清的时候就迅速把地分配到户，这引起了很多产权上的问题。“三定”时期集体林产权界定方法简单粗糙，多用自报登记方法，没有到实地逐块勘测丈量，对林木、山林的坐落位置、四至界限、地名及有关参照物的记录不清晰，林权证和土地证填写不清。林权界定时期遗留下来的问题造成的山林权属纠纷多且难以解决，甚至引起民间械斗，给林区社会带来威胁。表3-4显示了1996年13个省所发生的大量的林权纠纷情况(陆文明，2002)。

表3-4 1996年13省（自治区）林权纠纷情况

单位：次，公顷

省区	状况	纠纷数量	面积	跨边界纠纷		省内纠纷	
				数量	面积	数量	面积
辽宁	解决的纠纷	17	121			17	121
	未解决的纠纷	94	3 279	5	686	89	2 593
安徽	解决的纠纷	41	401			41	401
	未解决的纠纷	215	16 932	28	2 823	187	14 109

（续）

省区	状况	纠纷数量	面积	跨边界纠纷		省内纠纷	
				数量	面积	数量	面积
福建	解决的纠纷	370	13 016	38	1 572	332	11 444
	未解决的纠纷	461	39 645	26	2 645	435	37 001
江西	解决的纠纷	3	115			3	115
	未解决的纠纷	34	3 310			34	3 310
河南	解决的纠纷	51	587			51	587
	未解决的纠纷	104	2 879			104	2 879
湖南	解决的纠纷	2 863	11 433	43	468	2 820	10 964
	未解决的纠纷	3 477	45 084	130	10 315	3 347	34 770
广东	解决的纠纷	1525	3 144	5	145	1 520	3 000
	未解决的纠纷	2 375	63 424	51	6 131	2 324	57 293
广西	解决的纠纷	3 132	8 879	18	2 426	3 114	6 452
	未解决的纠纷	707	25 653	141	6 039	566	19 614
海南	解决的纠纷	1	5			1	5
	未解决的纠纷	12	274			12	274
四川	解决的纠纷	3 592	4 194			3 592	4 194
	未解决的纠纷	17 303	203 467	11	17 000	17 292	186 467
贵州	解决的纠纷	817	2 372	3	57	814	2 314
	未解决的纠纷	468	3 843	27	767	441	3 077
云南	解决的纠纷	94	3 427			94	3427
	未解决的纠纷	94	4 360	11	3033	83	1 327
陕西	解决的纠纷	14	307			14	307
	未解决的纠纷	7	513			7	513
总计	解决的纠纷	12 520	48 000	107	4 669	12 413	43 332
	未解决的纠纷	25 351	412 664	430	49 439	24 921	363 225

资料来源：《中国林业年鉴》(1997)。

4　“三定”后规模化经营及其评价

由于小块的林地会影响到经济效率，增加林地的平均面积将会提高规模经济。家庭联产承包责任制应该进行一些调整，如采取一些集体化的措施来提高规模经济。政府部门已经意识到这一问题，出台了一系列相关政策措施鼓励减少土地细碎化的负面影响，但由于政府在林业经营家庭问题上的摇摆不定，因此这一时期出现了多种产权模式。

4.1　“三定”后林地规模化经营发展趋势

1981 年开始的林业“三定”通过“分林到户”，使农民分到自留山，承包责任山，出现可承包荒山造林的专业户、重点户，多种经济成分的林业初露端倪。1985 年，中共中央、国务院颁布了《中共中央、国务院关于进一步活跃农村经济的十项政策》，推行可“取消木材统购，开放木材市场，允许林农和集体的木材自由上市，实行议购议销”政策，形成对林业生产经营的利益驱动。但当时的一些简单做法如“两山并一山”，以及配套政策措施和资源管理跟不上，致使农民对改革政策缺乏信心，木材经营放开无序，一时出现了混乱局面，南方集体林区一些地方乱砍滥伐十分严重。为此，1987 年中共中央、国务院发出了《中共中央、国务院关于加强南方集体林区森林资源管理，坚决制止乱砍滥伐的指示》，提出要“严格执行年森林采伐限额制度”，“集体所有集中成片的用材林，凡没有分到户的不得再分”。

1992 年后，有些省区开始了“四荒”地使用权拍卖。“四荒”地使用权拍卖，把使用“四荒”地可能带来的效益与竞买者的切身利益直接联系起来，同时，也使农户获得了一种长期稳定的权属感。“四荒”地拍卖也吸引了大批的农户、个体工商户、林业以外的部门，甚至外商投资林业。1998年国家修订了《森林法》。修订后的《森林法》对从事林地、林土流转正式给予了法律保障。20世纪90年代，参与林业的私有成分则由原来的农户扩大到个体工商户、政府机关及企事业单位部分职工，也有外商参与了林业经营活动，其参与形式包括租赁山地造林、购买“四荒”地使用权，进行综合开发经营。私有成分购买“四荒”地的形式多种多样，概括起来主要有农户独户购买、综合开发，公职人员购买，联合购买、联合治理等形式。对“四荒”地开发经营，不同地区具体形式、内容不太一样。到1994年底，全国有10多个省（自治区）开展了这一工作，拍卖“四荒”地面积达73万多公顷，发展势头很好（李智勇等，2001）。“四荒”地拍卖，引入了市场竞争机制，有利于资源的优化配置，吸引了多元化资金投资林业，这样多元主体参与的林地规模经营模式应运而生。

4.2 “三定”后林地规模化经营及其评价

4.2.1 “三定”后林地规模化经营模式

林业“三定”后，政府部门已经意识到这一问题，出台了一系列相关政策措施鼓励减少土地细碎化的负面影响，但由于政府在林业经营家庭问题上的摇摆不定，因此这一时期出现了多种产权模式。这一时期的集体林产权基本上是以家庭经营为基础与核心，集体经营、联户经营、租赁经营、股份合作经营等多种林业经营模式并存的格局。各种模式的特点和具体实现形式列于表4-1。

尽管集体林区林业经营形式多种多样，但在实践中起主导力量的主要经营形式有农户家庭经营、集体经营以及股份合作经营。下面具体介绍这几种主要的林地经营模式

（1）家庭经营

林业家庭经营形式就是以家庭为生产和经营单位，以家庭成员为基本劳动力，主要依靠自有资金，组织林业生产经营活动所采取的形式和方法。包括林业“三定”时期划定的自留山、责任山、承包山和租赁

表 4-1 林地经营模式分类表

经营模式	特点	具体形式
承包经营	山权不变，林权归己	联户承包
		家庭承包
		抵押承包
租赁经营	一次性或定期上缴林地租金	农户租赁集体林地
		外商租赁集体林地
		国有林场或其他单位租赁集体林地
		私营企业主租赁集体林地
股份合作制经营	山权不变，林权共有，实行资源、资金、技术的优化组合，流动性强，形式多样	农户间合作
		外商与村组（农户）间合作
		创建林业合作社
		集体林场间合作
		活立木拍卖
		改包为卖
		绿化带拍卖
		转让中幼林经营权
		转让果园经营权

山。据有关资料显示，完成“三定”后的浙江省集体山林中，统管山占29.8%、责任山占44.3%、自留山占25.9%，即林农家庭经营的山林（包括责任山和自留山）占70.2%。

（2）集体经营——乡村集体林场

乡村林场是利用乡村资源，主要依靠乡村力量，采用适度规模和集约经营方式，从事商品林业生产的独立经济组织。乡村林场是南方集体林区集体林场统一经营下的产物，是林业“三定”以来我国林业政策演变的结果。20世纪80年代初实行林业“三定”以来，山林分散到各户，农户自愿联合兴办的林场。这类林场主要以社队为基础，林场的地理位置相邻，资源状况、经济水平都十分相似，农户联合后统一规划、统一种植、统一管护、统一运用服务设施。据统计，到1998年年底，全国共有乡村林场11.1万个，经营面积1.7亿亩。在所有乡村林场中，乡办林场1.6万个，村办林场7.4万个，组办林场1.1万个（刘璨，2008）。

（3）股份合作经营

福建省三明市是集体林地区实施股份合作制的典型地区。三明市实施了以“分股不分山，分利不分林”为主要特征的股份合作制产权制度安排。其股份合作制度安排大致划分为三个阶段。第一阶段是明晰产权阶段（1984—1987年）。第二阶段为把林业股份公司改为林业股份合作林场。在此阶段，坚持山林权属不变、林木折股联营联产承包形式不变、共有产权形式不变、自主经营、自负盈亏不变。第三阶段为推行以“林业管护押金承包，林木收益比例分成”为主体的集体林家庭承包责任制，增加林业产出效益。

林地股份合作制的实质就是将均分的承包权转化为股权。通过承包权（实质是所有权）与使用权的再次分离，促进林地的流转和集中，以适应农村经济发展进程中所产生的劳动力转移、规模经济、以市场机制提高土地资源配置方面的需求。据相关数据显示，截至1991年，福建省三明市已建成村级股东会1 347个，经营面积达122.3万公顷。

4.2.2 “三定”后主要规模化经营模式评价

事实上，上述三种主要的模式在运行中并没有出现与农业改革相类似的结果。虽然这三种主要的规模化经营模式都曾经取得过一定的效益，但是这三种方式都有很大的缺陷，因此，从这个角度看，这三种模式并不是成功的。主要表现为森林资源的质量和数量都出现下降，农民从林业经营中得到收益少等，最后还导致了股份合作制的瓦解。

4.2.2.1 家庭经营模式的评价

林业“三定”初步实现山林经营权和所有权的两权分离，林农家庭经营山林的模式体现了责权利的高度统一，极大地调动了林农生产经营的积极性和主动性，加快了林业发展步伐，取得了显著的效益。但由于简单地套用了农业上的做法使山林过于分散，林农难以管护。再加上1985年南方集体林区开放木材市场，传统的林政管理受到冲击。大量木商进入林区收购木材，木材价格暴涨，农民采伐林木的积极性使本已不多的南方集体林区用材林资源遭受了较大破坏。林业家庭经营形式的局限性主要体现在：①分散家庭经营与规模经营相矛盾；②家庭经营目标与林业多种效益相矛盾；③家庭经营与生产要素优化配置相矛盾；④家庭经营与可持续林业的公平性相矛盾；⑤家庭经营能力与市场经济的高风险性相矛盾。

4.2.2.2 集体经营模式的评价

"三定"后，出现了乡村林场和村统一经营形式。其中乡村林场经营形式存在两个严峻问题：一是部分林场名存实亡，没有稳定的资金来源和收入，又缺乏专业人员，独立生产经营能力较差，难以为继；二是林场仍是乡村行政组织的附属物，政企不分，经济关系不明确，致使大部分乡村林场不能成为独立的经济实体。村统一经营形式有3种情况：一是经过改革建立专门机构，独立建账；二是选举或成立山林管委会，有兼职人员管理；三是延续大集体的体制，直接由村委会管理。这种村统一经营形式的所有权和经营权合一，但缺乏民主管理，利益不直接，挫伤了生产者的积极性（吴静和，1994）①。

4.2.2.3 股份合作经营模式的评价

在20世纪80年代末，福建省林业部门开始推行集体林经营的股份合作模式。这种模式的核心内容就是保持林地集体统一经营不变，每个农户按照家庭人口数占有一定比例的股份，并以此为依据分享经营收益。股份合作经营模式在当时受到了林业管理部门的高度赞赏，股份经营在理论上解决了产权私有化与林业规模经营之间的矛盾，在初期也看似是一种应对资源保护问题的有效措施（徐晋涛等，2008）。

尽管"分股不分山，分利不分林"的股份合作经营模式模糊了农户和林地之间的权属对应关系，在福建省实行股份合作体制15年之后，

---

① 吴静和．集体林区林业股份合作经济的研究［J］．林业经济问题，1994（增刊）：5-12.

这种体制所带来的问题逐渐凸现出来。首先，农户从股份合作经营中所获得的林业收入在家庭总收入中所占的比重非常小，即使在林地占当地土地总面积60%以上的地区，情况也是如此；其次，由于缺乏农民的配合，森林保护对地方林业管理部门来说变得越来越困难（徐晋涛等，2008）。森林火灾发生的次数在20世纪90年代大量增加，而人为原因是火灾发生的主要原因（苏永通，2007）①。以林业“三定”期间邵武市第一个林业股份合作制改革试点村，沿山乡周源村为例，林业股份合作制在周源村实际运行时间仅为3年（1984—1987年），每年年底每股分红分别为150元、120元和100元。1988年，村委会以管护村民未尽管护义务为由终止了管护合同，收回山林由村集体统一经营。同年起，年底分红时有时无，逐年减少。从1991年开始，个人持股者再未获取过分红，即是村级财政收入有剩余，也自动结转到次年。管理委员会退出管理，林业股东会名存实亡。至此，林业股份合作制改革试验以失败告终，村两委会再度成为山林管理者（张红霄，2007）。

总之，20世纪80年代实行的林业股份合作制是对集体林统一经营制度低效状态的校正，试图在集体林统一经营与分林到户之间寻求一种既能激发农民的造林积极性，又能兼顾规模经营，还可以保持土地集体所有制性质不变的产权制度安排和经营组织，是中央和地方政府、林业主管部门、村级组织以及农民不同的角色和作用促成了这一制度的诞生。其结果既未改变原有的公有产权性质和运行机制，也未带来更有效的森林资源经营管理，而且由于管护权的取得缺乏有效的竞争，从而产生了村民之间利益不均衡的弊端，其失败就在所难免。

① 苏永通．中国将全面推开“第三次”土改［J］．南方周末，2007，(16)．

5 林地分散经营，通过何种途径实现联合经营，进而实现规模效益调研分析

5.1 林地细碎化内涵及其衡量方法

5.1.1 林地细碎化定义

有关土地细碎化的概念在我国早已被广泛使用，而林地细碎化的相关概念是在土地细碎化的基础上提出来的，但其定义到底是什么却很难量化，也无法精确测度和比较。我们认为：林地细碎化主要是指一个农户不得不经营一块以上的林地，而且这些林地中的多数地块面积较小且相互不连接。

从上面的分析我们不难看出，作为本项目研究对象的“林地细碎化”更多的是从经济学层面上考虑，除了“多块林地互不连接且面积较小”这两个必要条件外，还应该同时具备以下两个特征：①地块平均面积过小以至于存在未实现的地块规模经济；②地块的分割与地形无关，并且可以通过交换实现合并。

5.1.2 林地细碎化的衡量

有关对土地细碎化程度的衡量，目前学术界主要有两种做法。一种是采用比较简单的单项指标。即单纯用地块数量和地块的面积大小来衡量土地细碎化的程度（Binns，1950）。这样的衡量指标相对比较简单也比较直观，但是忽略了地块间的距离变量这一因素。另一种方法是建立相对复杂的指标体系来衡量土地细碎化程度。比较有代表性的就是：King、Burton（1982）运用了包括了农场面积、地块数量、地块面积、地块形状、地块的空间分布以及地块的粒度分布 6 项指标，并构建了 S 指数、J 指数、I 指数，以此综合衡量土地细碎化程度。三个指数的表

达式分别如下：

$$S=1-\frac{\sum_{i=1}^{n}\alpha_i^2}{(\sum_{i=1}^{n}\alpha_i)^2} \qquad J=\frac{\sqrt{\sum_{i=1}^{n}\alpha_i}}{\sum_{i=1}^{n}\sqrt{\alpha_i}} \qquad I=\frac{(\sum_{i=1}^{n}\alpha_i)/n}{100}\times\sum w$$

式中，n 指农户拥有的地块数量，α_i 指每一地块的面积，w 指地块间的距离或家到每一地块的距离。

S 值与 J 值均介于 0～1，S 值越大，则土地细碎化程度越高，和 S 值相反，J 值越小，则土地细碎化程度越高。S 值、J 值和 I 值都是运用了地块的数量与地块的面积，但我们却无法从最后的细碎化程度中得出到底是地块的数量还是地块的面积所产生的影响。并且，对于 J 指数，如果当较大地块面积增加而较小地块面积减小时，土地细碎化程度应当是降低的，但 J 值不能很好地反映这 情况。

综合上面所分析衡量土地细碎化程度的方法，每一种衡量土地细碎化的方法都有其优势与不足。在对农户进行实地走访调查中，主要针对林地地块数量、面积以及地块到家的距离这三个指标作了相关调查研究，因此，将这三个指标都作为衡量林地细碎化的重要依据，但是鉴于数据的最终整理情况以及对林地细碎化程度更准确的衡量，同时计算 S 指数对林地细碎化程度的衡量作为补充。

5.2 林地细碎化问题及其影响的定量分析

5.2.1 全国及样本省林地的细碎化程度的整体描述

我国人均林地属世界上最少的国家之一。人地矛盾一直是制约林业经济持续稳定发展的重要因素之一。据统计，截至 2007 年，我国现有林地面积仅占世界有林地面积 3%，人均占有林地面积仅为世界平均水平的 15.2%，而且仍在递减。我国南方集体林区包括湖南、湖北、江西、安徽、浙江、福建、广东、广西、海南、贵州等 10 个省区，是我国三大林区中森林面积最大、森林资源比较集中的林区，其人均林业用地面积不足 1 公顷（表 5-1）。而林业是讲究规模效益的行业，只有经营规模达到一定的面积，才能实现轮伐，才可以实现收益的持续性。

表 5-1　2006 年人均林业用地面积

单位：万公顷，万人，公顷

省份	林业用地面积	农村人口	人均林业用地面积	省份	林业用地面积	人口	人均林业用地面积
湖北	766	5 693	0.13	广西	1 366.22	4 719	0.29
湖南	1 171.42	6 342	0.18	海南	194.47	836	0.23
安徽	412.32	6 110	0.07	贵州	761.83	3 757	0.20
福建	908.07	3 558	0.26	浙江	654.79	4 980	0.13
广东	1 048.14	9 304	0.11	江西	1044.69	4 339	0.24

资料来源：根据 2007 年《中国统计年鉴》相关数据整理而得。其中农村人口占全省人口比例按 2005 年全国人口抽查公报比例 56%折算，山区人口按农村人口的 55%折算而得。

表 5-2 是对全国 9 省 2 400 多农户家庭调查统计结果，表 5-2 显示了各省林权制度改革前后农户水平的林地地块数量及其变动率情况，9 省户均林地地块数量增加了 0.92 块。整体上看，林改前后农户林地的地块数量呈现了增加的趋势，全国户均林地地块增长 16.12%，其中又以广西和辽宁两个省地块增加幅度最大，河南、江西、山东、福建等 4 省户平均地块变化并不大，湖南变化最小。这里，我们重点关注了江西省农户林地地块的变化情况。

表 5-2　林权改革前后农户林地地块数量变动情况

单位：块，%

地块数	福建	广西	河南	辽宁	山东	四川	浙江	江西	湖南	户均
林改前	1.83	2.13	1.38	2.25	1.13	6.31	4.06	3.87	3.02	3.35
林改后	2.07	2.61	1.56	2.89	1.22	7.33	4.42	4.55	3.12	3.89
变化数	0.24	0.48	0.18	0.64	0.09	1.02	0.36	0.68	0.10	0.54
变化率	13.11	22.54	13.04	28.44	7.97	16.09	8.87	17.57	3.31	16.12

江西省林业厅提供的林权改革资料中显示，在江西省，2004 年以来，在全省开展了以“明晰产权、减轻税费、放活经营、规范流转”为主要内容的林权制度改革，82.5%的集体林地分到了农户，原有以集体经营为主的生产方式、经营模式、组织结构发生了深刻的变革。全省 1.33 亿亩集体林中 1.079 亿亩，分成 1 097.32 万宗地，分给 600 多万户农户经营管理，单户经营平均面积不到 20 亩，单宗地块面积不足 10 亩，形成了林改后林农“单家独户”的生产经营格局和林权单位相对变小、面积分散。但是，从实地调查的统计结果看，江西省农户林地地块在林改前后变化并不大，增长率只有 17.57%，这与江西省林业厅官方的说法有些不同。其原因可能有：一是调查样本不够大，无法从统计意义上真实衡量江西全省的实际，二是江西省农户林地细碎化问题本来就一直存在，林业“三定”时期已经将集体林地经营权分给了农户家庭，本次林权制度改革只不过是将已经存在的林地细碎化问题重新被提出。从表 5 - 2 中 8 个省林改前后农户林地地块数量变化情况看，全国其他省份也不同程度地存在着与江西类似的情况。

可见，林地细碎化问题并不是一个新的问题，在林权制度改革之前，林地细碎化过程基本完成，林权制度改革后，林地权属细碎化得到了进一步加强，但是强度增量并不大。

5.2.2 林地细碎化带来的林业经营管理问题

对于林地细碎化对林业生产经营的影响，目前，学术界对此的有关争论主要集中在两个方面：一是研究林地细碎化对林业产出具有负面影响；二是研究林地细碎化存在的合理性。一方面林地细碎化的存在是一种不合理的现象，其存在降低了林业生产的规模经济效应，增加了林产品的生产成本，降低了林业的生产水平，导致了林业经营效率的损失，增加了林业生产的负外部效应，是林业发展的一大障碍，也是农村贫困的一个重要根源。另一方面在人多地少并存在大量农村剩余劳动力的特定条件下，林地细碎化的存在，有利于农户不同的地块间进行多元化种植，合理配置并充分利用农村劳动力，调整种植结构，同时林地细碎化的存在还可以分散林业生产风险，从而达到增加林农收入的目的，从这个角度看，似乎林地细碎化存在又有一定的合理性。

在江西省铜鼓县和遂川县的调查中发现，随着集体林地经营权属的变革，出现了林农“单家独户”、林权单位相对变小、面积分散、生产成本加大、抵御灾害能力降低等新问题，给林业生产、管理和服务提出了新的挑战。从经营管理和政府管理角度看，林地细碎化带来的问题主要表现在以下几个方面：

第一，规模经营难度大。林改后产权明晰有利于加速林地流转和合作经营，促进林业生产规模化、集约化。但在现实情况中加快规模化经营过程中还存在较多制约因素：一是由于传统处世思想的束缚，使林农建立起了一种对土地的依附，甚至依赖关系，总愿意守住一片山林不放，再加之新中国成立以来我国在合作思维和决策上存在着“一大二公”的错误影响，林农习惯于单兵作战，一家一户的小农思想根深蒂固，有的甚至外出打工，也不愿租赁流转，合作意识缺乏；二是由于长期以来林业的经济效益相对较低，林农对所分山林依赖程度较低，对林业的收入无所谓，导致对林业的投入不高，生产发展水平比较低级，加之林区多处偏僻经济欠发达地区，发展意识缺乏；三是部分林农把所分山林作为致富的金钥匙，特别是分到毛竹、果木等经济效益较高森林的农户，但在短时间内难以直接感受小生产与大市场的利益冲击，竞争意识缺乏；四是各级政府和有关部门对合作经营缺乏有效指导，尤其由于农村社会保障制度不完善，为防止林农失山失地，影响山区稳定，对林农流转山林，存在矛盾心态。

第二，监督管理难度大。一是森林采伐监管难度大。《森林法》明确规定，森林采伐实行限额制度和许可证制度。分山到户后，经营主体数量剧增，千家万户要求采伐，有的申请采伐数量不到1立方米或者仅几根毛竹，这使实施采伐许可证制度增加了成倍的工作量，且满山遍野都是伐区，“伐前设计、伐中检查、伐后验收”难以进行。二是木竹运输监管难度大。《森林法》规定：从林区运出木材，必须持有林业部门发给的运输证件，实行凭证运输。但是，分山到户后，每户采伐木材数量较少，运出林区方式多种多样，人力大板车、三轮摩托车等成了主要运输工具，有的甚至用肩扛背拖的方式将木竹运出林区，这给木材运输证发放和木材运输检查带来极大的困难。三是木竹经营管理难度大。由于采伐户数量急剧增多，千乡万村到处都有木材交易，致使对无证经营木材、收购无证木材等非法活动的监管难度加大，加上林区道路日渐增多、路网越来越复杂，固定检查站也难有作为。

第三，经营服务难度大。林改后，广大林农造林育林积极性高涨，造林行为由过去的“要我造”变为现在的“我要造”，“争苗抢苗”造林现象普遍，造林面积年年大幅度增长。但是，由于经营观念、技术水平、资金投入、抚育管理等原因，一家一户经营往往存在造林保存率不高情况。究其原因，主要是因为林权单位变小且分散，社会组织化程度降低，而且山区林农地处偏远、居住分散、交通不便，林业部门对林农生产所需的规划设计、树种选择、良种良苗供应、树种配置等生产环节的技术指导无法及时提供。同时，加大了林地抚育管理、林木采伐、林权流转、抵押贷款等林业经营、服务的难度。

林业部门认为，面对林改后出现的新情况，为降低林业生产成本，提高经营技术及管理水平，抵御经营风险，实现分山到户家庭承包经营基础上的规模经营效益，保障林农权益，巩固林改成果，发展规模化经营组织显得十分必要。

5.2.3　基于2 420户农户样本调查的林地细碎化程度分析

5.2.3.1　农户经营的林地地块结构分析

在集体林权制度下，出于对公平的要求，林地分配时需要兼顾林地肥力与地块位置的差异，按人口平均分配土地，这就导致了一个农户家庭经营多个地块的状况，地块面积狭小，并且互相穿插。在进行的全国调查的2 420户农户中，有36.47%的农户经营着1～2块的林地；27.98%的农户拥有3～4块林地，16.87%的农户拥有5～6块林地，13.01%的农户拥有7～10块林地，其中拥有10块林地的农户还有4.48%，其中拥有20块以上的农户也有23户之多，占到整个调查农户比例的1.18%。平均每个农户拥有4.52块林地（表5-3）。

表 5-3　不同规模农户经营林地地块情况

单位:%

调查范围（户）	户均地块数（块）	经营 1～2 块林地	经营 3～4 块林地	经营 5～6 块林地	经营 7～10 块林地	经营 10 块林地以上	经营 20 块林地以上
2 420	4.52	36.47	27.98	16.87	13.01	4.48	1.18%
263	3	50.83	31.40	9.92	7.85	—	—

注：在调查的户数中有的农户林地地块数据缺失，无法分清到底是由于该农户本身就没有林地还是由于调查中数据的丢失造成的，为了核算的准确性，上表在计算比例、户均值时剔除了没有数据的农户。

整个调查中林地经营块数最多的农户达到 40 块之多，该农户是广西藤县埌南村的黄维纯。在此基础上，从选取的 263 户大户调查数据中，发现林地细碎化的程度有所改善，即大户中平均每个农户经营的林地块数为 3 块，低于全国调查的数据，而且在调查的大户中经营 1～2 块林地的农户占到 50.83%，3～4 块的占 31.04%，5～6 块的占到 9.92%，6～10 块的占到 7.85%。其中经营最多的林地块数就是 10 块。

这些地块分布在不同的自然地块，即使在同一自然地块中农户也经营 2 块以上地块，且这些地块也不相邻。由于地块面积是按人口多少和质量好坏为标准均分，这就导致户均经营面积过小并且相互穿插；而且不同农户的地块纷杂交错在一起，为了明晰各自所拥有的地块，必然要拿出一部分的土地用作边界的划分，这使得很多土地不能使用于农业生产之上，而被浪费了，从而减少了耕地的有效面积。在对农户的实地走访调查中发现，大多数农户经营的地块呈长条状，不难知道地块面积小而且过于狭长，会阻碍机械工具的使用，给林地管理带来极大不便。通过分析可以看出研究区农户经营地块数量多、面积过小并且相互穿插，或者地块狭长呈条状分布。

5.2.3.2　农户经营地块的面积

林地规模效益主要是指由于林地经营规模的扩大，导致单位林产品生产成本的降低，或单位面积林产品产量的提高，从而提高林业生产的经济效益，所以在一定程度上农户经营规模决定了林业生产效率和林业收入。林地地块的大小在一定程度上反映了林地规模经营的潜力。

表 5-4 全国及各样本省（自治区）农户林地地块情况

单位：亩，块

范围	户均地块数	户均面积	块均面积	最大块	最小块
全国大户调查	3.00	68.97	22.99	1617.20	0.05
山东	1.22	135.93	112.30	700.00	0.20
辽宁	2.89	79.60	27.56	300.00	2.00
河南	1.56	11.82	7.60	83.00	0.06
四川	7.33	38.24	10.14	125.00	0.05
浙江	4.42	65.96	14.94	111.00	0.50
福建	2.07	77.89	37.60	325.00	1.60
湖南	3.12	39.97	12.81	180.00	0.50
江西	4.55	171.38	37.68	1617.20	0.20
广西	2.61	37.79	14.50	160.00	0.10

从全国的大户调查得来的农户经营的林地地块面积来看（表 5-4），每户平均拥有 3 块林地，地块的平均面积有 22.99 亩。各地块之间面积相差较大，最大的地块面积为 1617.20 亩（江西调查中取得），最小的只有 0.05 亩（四川调查中取得），相差在 3 万倍以上。农户经营地块面积过小将会限制林业生产的专业化经营，造成林地种植作物结构的破碎，从而不利于林地的集中管理和林产品质量的提高。从各省份的统计数据来看，户均地块数最多的是四川、浙江和江西均高于 4 块，其中浙江和江西这两个省份也是集体林权制度改革的试点省份之一，可见林改对林地细碎化有一定大的影响，户均地块数最多的四川省户均地块数达到 7.33 块，这可能跟四川省的地理环境有很大的关系。四川省大多数地方在山区，由于自然条件的原因，林地被自然分割成了很多块，地块之间不连接，林权改革制度的实施，人为分割更加剧了四川省的林地细碎化程度。相反，山东省户均经营的林地块数仅为 1.22 块，基本上每户一块，相对而言其林地细碎化程度比较轻。这可能是由山东省的平原地貌因素所决定的，另一方面山东省林权制度改革相比其他省份开展较晚，可能很多林地还没有落实到户，林地细碎化程度反而较低。

全国户均经营林地面积为 68.97 亩，林地地块平均面积为 22.99

亩。从表5－5可以看出，农户经营地块面积大部分集中在20～40亩，其中小于1亩的地块多达13.73%，而地块面积高于100亩的也占到3.57%，农户分布呈现出"∩"状。

从农户经营规模大小分组情况看，农户经营林地面积在20～40亩，有40.9%的农户，而经营规模特小（不足1亩）的比例很小，仅占7.85%。对比分析两组数据可以发现，虽然人口较多的农户拥有更多和更大的地块，但是较高的人口压力也同时使得地块的平均面积变得更小。

表5－5　不同规模的农户林地地块分布情况

单位：亩，%

面积范围	<1	20～40	40～50	50～60	60～100	>100
块均百分比	13.73	61.54	13.46	4.4	3.3	3.57
户均百分比	7.85	40.9	13.64	7.85	11.16	18.6

5.2.3.3　农户经营地块距离道路的距离

一般观点认为，农户经营地块距离道路的远近会影响林业劳动生产效率，从道路到地块之间步行所花费的劳动时间，不仅消耗了劳动力成本，而且造成了农机设备的闲置，使得林业生产效率进一步降低。调查中发现，地块距离道路直线距离最远的达到16公里，从农户地块到道路的距离分布来看，距离高于5 000米的就有5.61%之多，而距离在100米以内的为9.22%，所占比重并不大，距离在100～500米的地块最多，占到24.25%，4 000～5 000米的最少为2.41%（表5－6）。在现实中，由于受农户宅基地布局或者道路通达情况的影响，农户从住家到所经营林地地块的距离要更远，用的时间也会更多，这无疑会降低农户经营林地的热情和林业收入。

表5－6　农户经营地块距离道路的距离所占比例分布

单位：米，%

距离范围	<100	100～500	500～1 000	1 000～2 000	2 000～3 000	3 000～4 000	4 000～5 000	>5 000
比重	9.22	24.25	22.24	20.64	11.82	3.81	2.41	5.61

5.2.3.4 林地细碎化程度的综合指数——*S* 指数

为了更加直观地描述林地细碎化程度，我们在林地经营地块数、地块面积以及距离这三个指标描述的基础上增加了一个综合指数即 S 指数的测量。从前面的论述中，我们已经知道了 S 指数是 King、Burton 在 1982 年运用了包括农场面积、地块数量、地块面积、地块形状、地块的空间分布以及地块的粒度分布 6 个指标而构建的，以此综合衡量土地细碎化程度。S 指数的表达式：

$$S = 1 - \frac{\sum_{i=1}^{n} \alpha_i^2}{(\sum_{i=1}^{n} \alpha_i)^2}$$

其中，n 指农户拥有的地块数量，α_i 指每一地块的面积。S 值介于 0～1，S 值越大，则土地细碎化程度越高，S 值的求算运用了地块数量与地块的面积，而我们却无法从最后的细碎化程度中得出到底是地块的数量还是地块的面积所产生的影响，可见，该方法仍存在一定的局限性。

表 5-7 全国及各省（自治区）林地细碎化程度

地区	全国	山东	辽宁	河南	四川	浙江	福建	湖南	江西	广西
S 指数	0.41	0.11	0.46	0.16	0.42	0.62	0.42	0.48	0.58	0.40

从表 5-7 中的数据可以发现，我国现在林地细碎化的程度达到 0.41，接近于 0.5，说明我国林地细碎化程度已经达到相当高的水平。在调查的 9 个省（自治区）中，S 指数最高的是浙江省，其次是江西、湖南、辽宁、四川，最低的是山东省。该结果与我们前面的分析基本一致。林权改革的 4 个试点省份，即江西、福建、浙江、辽宁省的林地细碎化程度都相对较高，说明林权制度改革对我国林地细碎化程度影响显著；另外，林地细碎化程度显然和自然地理情况密不可分，山区的林地细碎化程度明显高于平原地区。四川省和山东省两省相比，四川省的地貌是典型山区，山区地形导致四川省林地无法连片，自然分割导致林地细碎化严重；而地处平原地区的山东省则完全

不同，平原地貌为其林地连片创造了良好的条件。因此，山东省的林地细碎化程度很低，甚至可以说山东省并没有出现林地细碎化的现象。

5.2.4 林地细碎化成因分析

5.2.4.1 自然及地理因素造成林地细碎化

我国地形复杂多样，山区面积大。据统计，我国山区面积占全国总面积的2/3，平原面积仅占10%左右。除此以外，还有广阔的高原、盆地等，地貌种类齐全，地质构造复杂。多种多样的地貌特征，一方面为我国因地制宜发展林业多种经营提供了有利条件，另一方面又加剧了林地自然分布的细碎化，这也给组织大规模林业商品化生产和管理带来了困难。我们在四川、江西和福建的调查中也发现了地貌对林地自然细碎化程度的具体影响。

5.2.4.2 人口压力和继承制度引起林地经营的细碎化

回顾中国历史，从宋朝开始，中国的人口呈指数级数增长，土地增加的速度远远赶不上人口增长的速度，因此，人多地少的现状进一步加剧了林地细碎化程度。加上我国传统的继承分家制度的影响，林地细碎化的程度就更加严重。在我国，受传统继承分家制度思想的影响，在农村分家即分户，分户就要分地，每个家庭都会自行分割土地分配给子女经营，保障他们的基本生活，林地细碎化也会随之迅速加剧。在我国农村庞大人口基数和传统观念的影响下，我国林地细碎化的趋势还会不断加剧。

5.2.4.3 集体林权制度改革使得林地细碎化程度进一步加剧

在集体林权制度改革过程中，各地采用了在按照林地质量、距离村的远近、家庭劳动力或者家庭人口的多寡，将原属于集体经济组织统一经营的林地以“自留山”和“责任山”两种主要形式分配给农户的做法，奠定了林地细碎化的基础。由于林地立地等级的不同，而农民追求公平公正，不允许出现优质林地向少数农户家庭集中的做法，林地分配中的平均主义，很容易形成和出现一户经营多个地块且地块大小分布不均和地块间的相互穿插的现象。这一平均主义制度实行的初期，曾一度激发了林农的劳动热情，对解决林地经营效率低下的问题也起到了非常重要的作用，但同时又导致了农户经营林地的进一步细碎化。

5.2.5　林地细碎化对林业生产经营影响分析

本研究在上述分析的基础上，综合现有模型，选取实地调查所得来的 2009 年全国 9 个省份农户层面的数据，就林地细碎化对林业生产经营情况的影响进行实证分析，力图得出符合现阶段中国林地细碎化现状的结论。

5.2.5.1　模型变量的选择

在模型的选择方面，常用的生产函数模型有柯布—道格拉斯（C－D），替代弹性恒等（CES）及超越对数等，由于除 C－D 生产函数外其他的变量过多，出于数据获取的困难，本研究仍然沿用 C－D 生产函数的模型来分析林地细碎化与林地产出产量的关系。前人的研究表明，C－D函数是能够较好地描述我国的生产情况的。在变量选择方面，同时为了数据最终的准确性，一共选择了全国 9 个省（自治区）2 420 户农户调查作为样本数据。本研究选择农户林业产出为被解释变量，考虑到本模型目的是为了验证林地细碎化是否对林业经营有影响，林地细碎化选择以每户的土地块数作为投入变量，林业产出以不同林产品的产量作为产出变量。

生产函数表明在一定的技术水平下，一定数量投入与其相对应的最大可能产量之间的数量依存关系，其生产投入一般包括三个方面劳动力投入、资本投入以及土地投入。本研究通过多次比较分析多个变量的试算结果，最后选定了以下几个变量作为农户林业生产函数的解释变量：

（1）劳动投入：选用林业每户投入标准工日（人·天）。

（2）物质投入：选用林业每户投入的物质费用（元）：种子费用、化肥费用、农药费用以及其他费用。

（3）林地面积：选用每户经营林地的面积。

（4）林地细碎程度：选用每户经营的林地地块数量。

5.2.5.2 模型的建立

生产函数模型的基础模型为 C－D 函数。我们用 Y 代表产量，X_1，…，X_k 代表一组投入，则 C－D 函数可以表述为：

模型Ⅰ

$$Y = \alpha_0 x_1^{\beta_1} x_2^{\beta_2} \tag{5-1}$$

林地细碎化变量通常由每个农户用于生产某一作物所经营的土地块数来表示，因而它本身并不能看作是一个投入变量。根据发展经济学理论及以往的经验总结，林地细碎化首先影响规模经营效应。因为 C－D 函数中 β_i（$i = 1, 2, \cdots, k$）代表生产弹性，而其总和为规模弹性，为使该指数与土地细碎化联系起来，建立一个方程将 β_i 作为林地细碎化的函数，即：

$$\beta_i = \alpha_i + \gamma_i \ln P \qquad i = 1, 2, \cdots, k \tag{5-2}$$

其中 P 代表土地块数。式（5－1）被称为规模函数，将它代入 C－D 函数得到：

$$Y = \alpha_0 x_1^{(\alpha_1 + \gamma_1 \cdot \ln P)} \cdot x_2^{(\alpha_2 + \gamma_2 \cdot \ln P)} \cdots x_k^{(\alpha_k + \gamma_k \cdot \ln P)} \tag{5-3}$$

应该指出，α_0 常被称作（总）效率参数，因而人们很自然地会想到用 $\beta_0 + \gamma_0 \cdot \ln P$ 替代 α_0。之所以没有这样做是因为 P 对生产效率的影响已经由它对单个生产投入要素的弹性的影响加以考虑了。另外，一旦这样替代，所得到的生产函数是非线形的，这给实际估算带来极大的不便。对（5－3）式两边求对数有：

模型Ⅱ

$$\begin{aligned} \ln Y &= \ln \alpha_0 + (\alpha_1 + \gamma_1 \ln P) \ln X_1 + (\alpha_2 + \gamma_2 \ln P) \ln X_2 + \\ &\quad \cdots + (\alpha_k + \gamma_k \ln P) \ln X_k \\ &= \ln \alpha_0 + \sum \alpha_1 \ln X_i + \sum \gamma_1 \ln P \ln X_i \end{aligned} \tag{5-4}$$

根据（5－2）式，规模弹性 V 可表示为：

$$V = \sum \beta_1 = \sum (\partial_1 + \gamma_i \ln P) = \sum \alpha_{i+} \ln P \sum \gamma_i = \gamma_0 \ln P + \sum \alpha_i$$

其中 $\gamma_0 = \sum \gamma_i$。模型Ⅱ（由（5－4）式表示）是标准 C－D 函数的扩展，它可用来研究土地细碎化对规模经济 V 和产出 Y 的影响。其中变量 P 只能取正整数。当土地细碎化不存在（即 $P = 1$）时，所建立的扩展C-D函数变为它的标准型即模型Ⅰ。当然，也可以让土地细碎化 P 这个变量以线形的形式进入生产函数，即将规模函数改为 $\beta_1 = \alpha_i + \gamma_i P$，然后作上述一连串的替代。

所要估算的模型Ⅱ有两个潜在的问题。一是新变量 $\ln P\ln X_i$ 或 $P\ln X_i$ 之间抑或它们与 $\ln X_i$ 之间很可能存在多重共线性。二是C-D函数所具有的参数少的性质似乎没有在其扩展的模式中得到保留。解决这两个问题的途径之一可以加上所有的 γ_i 都相等，即

$$\gamma_1 = \gamma_2 = \cdots = \gamma_k = \gamma \qquad (5-5)$$

这时我们得到模型Ⅲ：

$$\ln Y = \ln\alpha_0 + \sum\alpha_i \ln X_i + \kappa\gamma\ (\ln P \sum \ln X_i) \qquad (5-6)$$

显而易见，对应于（5-6）式的规模经济参数由 $\sum\alpha_i + k\gamma\ln P$ 给定（在线形规模函数下为 $\sum\alpha_i + k\gamma P$）。所以，一旦实证研究发现 $\sum\gamma_1$ 或 γ 小于0，则认为林地细碎化对规模经济及林业生产的影响为负。规模函数的选择（线性还是半对数线性）则借助于 R^2 及似然值的大小作决定。

5.2.5.3 模型估算结果及讨论

（1）模型所用变量描述

本实证分析依据课题组对全国9省（自治区）样本县的农户家庭2009年林业经营情况抽样调查数据。尽管调查户数达2 420户，但实际能用的观察值并没有这么多，有相当一部分的农户并没有相关的调查数据。在这里，林业产品包括木材、竹材、竹笋、经济林产品1、经济林产品2、经济林产品3以及薪柴、非木质林产品等8类林业产物。产出是以每户产量计，种植面积以每户种植亩数计，物质投入以每亩花费费用（元）计，劳动力以每户投入的劳动日数计。从获取的数据来看，农户主要的产出是以木材、竹材为主，而其他的林产品产出相对较少，很多农户甚至没有林产品的产出，数据相对就更少，有的甚至只有几个数据。由于数据的不完整，我们剔除了部分无效产出指标。我们将模型变量统计结果描述如表5-8。

表 5-8　模型中所用自变量描述

参数	劳动投入	物质投入	林地面积	林地细碎化程度
Mean 平均值	70.244 56	3 194.366	54.248 66	6 783.773
Maximum 最大值	1 160.000	471 000.0	2 020.000	522 301.0
Minimum 最小值	0.000 000	0.000 000	0.050 000	0.350 000
Std. Dev.	101.1097	16 391.08	112.177 5	58 591.06

表 5-9　模型筛选结果

作物	规模函数	拟合优度 R^2	最终选择模型
木材	线性模型	0.135 342	对数模型
	对数模型	0.267 122	
竹材	线性模型	0.025 012	对数模型
	对数模型	0.036 994	
竹笋	线性模型	0.676 175	线性模型
	对数模型	0.269 619	
经济林产品 1	线性模型	0.066 245	对数模型
	对数模型	0.095 661	
经济林产品 2	线性模型	0.875 314	线性模型
	对数模型	数据不够	
经济林产品 3	线性模型	0.735 718	线性模型
	对数模型	0.667 665	
薪柴	线性模型	数据不够	对数模型
	对数模型	0.057 076	
非木质林产品	线性模型	数据不够	放弃
	对数模型	数据不够	

（2）模型拟合及筛选

用各模型在估算结果之前，先分析实证模型的拟合优度及 R^2（样本回归线对数据的拟合程度），以便对不同模型做出筛选。这样一来，就只需在线性与对数规模函数之间作出选择。这个选择很简单，只要看哪个规模函数给予的 R^2 比较高就行了。根据这一标准，竹笋、经济林产品 2、经济林产品 3 的规模函数应该取线性的，其余皆为对数线性的（表 5-9）。一般来说 R^2 越大越接近于 1，拟合优度越好，也就是在 Y 的总变异当中，由回归解释的部分可由 X 的变异来解释的部分所占的比重越大。从表 5-9 中的 R^2 值可以看出，除经济林产品的拟合优度相对较高以外，其他都比较低。这种情况可以解释为：影响林业产出的因素比较多，例如农户的教育程度、政策变化甚至整年天气等因素都会对林业产出造成影响，单一的投入因素不是林业产出的决定因素，另外，林业自身生长等特性，需要长时期的投入才能产生产出，以致有很长的时间有投入无产出的情况，即产出滞后现象。在所调查 2 420 户农户中，真正有现实林业产出的农户样本很少。

（3）模型估算

根据上述选择的不同模型结果，将各个模型估算的主要指标列于表 5-10 中。

表 5-10 木材、竹材模型主要指标估算结果

解释变量	作物					
	木材			竹材		
	系数 γ	t 值	P 值	系数 γ	t 值	P 值
LDTR	0.209 085	1.624 927	0.106 9	0.247 387	1.830 346	0.068 6
WZTR	0.316 939	4.187 608	0.000 1	0.002 072	0.022 804	0.981 8
LDMJ	0.219 486	1.952 609	0.053 3	−0.195 99	−2.178 62	0.030 5
LDXSCD	−0.334 82	−2.907 7	0.048 9	0.032 924	0.876 812	0.381 6

从表 5-10 模型估计结果可以看出，以木材作为林地产出物，所选择的四个因变量中，只有由林地块数所反映的林地细碎化程度（*LDXSCD*）对林业生产的产出构成负向影响，这是与理论预期方向是相互一

致的，也与众多学者一致认为的林地细碎化不利于林业经营生产的观点基本一致。而其他的因变量（劳动投入（*LDTR*）、物质投入（*WZTR*）、林地面积（*LDMJ*））对林业产出的影响均为正影响。物质投入所对应的系数 γ 的 t 值>2，说明对木材来说，由物质投入带来的正作用在统计上很显著，相反地，林地细碎化所对应的系数 γ 的 t 值>2，说明由林地细碎化所带来的负作用在统计上也很显著。就我国农村现阶段林业生产状况而言，这一结果具有现实意义。而竹材模型估计的结果和我们预期的结果有所出入。以竹材为产出物时，所选择的四个变量中，林地细碎化程度（*LDXSCD*）对林业生产的产出并没有构成负向影响，而是林地面积（*LDMJ*）对林业产出的影响为负向影响，劳动投入产生的正向影响最大。林地面积所对应的系数 γ 的 t 值>2，说明竹材林面积带来的负向作用在统计上很显著。这个结果跟我们预期的结果有一定的出入。

可以从调查中发现林地细碎化对竹子产出作用并不显著的可能原因。例如从实地调查中认识到，竹林经营与木材经营方式有所不同。在四川威远县村级调查发现，农户所栽种的麻竹有很高的生物产量，也有很高的经济产出，但前提是，每年都要有集约化的化肥（亩年投入复合肥 100 多千克）和深挖抚育等劳动力（亩年投工约 15 个）的强度投入，粗放经营条件下，麻竹产出并不高，且竹林退化严重。如果面积很大，而单位面积经营性投入不足，单位竹林产出也不理想。另外，从浙江、江西以及湖南等省的村级农户调查中，我们也发现了同样的情况，农户拥有的竹林（如淡竹、毛竹）面积越多，并不意味着当年的竹子产量就多，关键的还是要看单位竹林的投入强度，投入强度越大，理论产出也就越大。我们在江西遂川农户调查中还发现，有一农户家庭拥有 200 余亩的毛竹林，但是每年的毛竹产量却是不稳定的，除了竹子有大小年的生理原因之外，农户采伐毛竹的劳动力是否充足也是重要的影响因素，在劳动力缺乏的年份，即便是竹林丰产之年，也会因为上山砍伐竹子的劳动力缺乏，能够采伐下山的毛竹产量也不会提高，甚至还会下降。因此，计量分析结果也说明，竹子集约经营模式，即单位面积竹林集约投入水平是影响竹产品产出的关键因素。当农户投入能力相对固定以及资金不足的时候，农户竹林面积越大反而会导致单位面积投入强度的降低，进而影响竹林实物产出水平。当然，我们在计量分析中，限于数据不全的缘故，只采用了 2009 年一年的数据，这样显然会存在信息不全而带来的统计误差。

5.2.6 结论及政策启示

研究表明，因集体林权制度所造成的林地细碎化对林地产出量产生一定的负面影响，这一结果与理论预期方向是相互一致的，也与众多学者一致认为的林地细碎化不利于林业经营的观点基本一致。同时这一研究还具有重要的政策含义，它最少能够表明，中央政府应把林地连片即农户经营规模作为一项长期的政策加以重视。同时，林权制度配套改革措施应把减轻林地细碎化程度，实现规模经营作为政策设计的一个选项。

5.3 林地联合经营模式现状分析

5.3.1 全国林地联合经营模式基本情况

随着集体林权制度改革的全面展开，许多农户拥有了自己的山林，拥有了林地林木的经营自主权，林业生产经营格局发生了根本性变化，逐步形成了由过去政府投资林业转变为全社会共同办林业的新格局。许多地方的农民在“民办、民管、民监督、民受益”、“形式多样、群众自愿、循序渐进、因地制宜”的原则下，开展林地联合经营的实践，以农民林业专业合作社为主要形式的林地规模化经营组织模式开始快速发展，业务范围涉及林业生产的各个环节，包括森林管护、病虫害防治、林道建设、造林、营林、种苗生产、林产品加工、销售、物资采购、技术和信息服务等。据初步统计，全国已成立各类林业合作组织 4.35 万个，联合农户 1 654 万户，经营林地面积 1.5 亿亩。目前我国已登记注册各种涉林专业合作社 1.4 万个，入社 502 万农户，专业合作社经营的林地面积为 4 670 万亩。

农民林业专业合作社发展时间比较集中，绝大部分是在“十五”中后期发展起来，主要分布在集体林权制度改革较早的地区以及林业产业发展相对较好的地方。主要形式有“家庭合作”、“股份合作”、“企业＋合作社＋农户”、“市场＋合作社＋农户”、“合作社＋能人＋农户”。截至2009年年底，从数量分布上，全国前10位的是江苏（3 143个）、河北（2 295个）、浙江（1 638个）、福建（1 296个）、江西（952个）、辽宁（735个）、湖南（669个）、四川（547个）、安徽（447个）、湖北（413个）；从入社农户上看，全国前十位的是浙江（92万户）、湖南（75万户）、河北（74万户）、河南（53万户）、四川（41万户）、福建（40万户）、湖北（31万户）、重庆（23万户）、安徽（14万户）、江西（12万户）；从经营林地面积上看，全国前10位的是湖南（1 101万亩）、河北（726万亩）、福建（633万亩）、江西（353万亩）、湖北（337万亩）、浙江（295万亩）、安徽（252万亩）、云南（221万亩）、四川（152万亩）、辽宁（148万亩）。这些数据显示，农民林业专业合作社在向更高的组织程度发展，在促进林业产业发展和农民增收致富上扮演着越来越重要的角色。随着集体林权制度改革的不断深入，农民林业专业合作社将在全国更快地发展起来。

5.3.2 林地规模化经营组织形式——基于江西、福建和浙江的村级调查

通过本次调查，了解到目前存在的林地规模化经营模式是多种多样的，按照林权主体内外关系不同，比如农户之间的联合、农户与企业之间联合、大户与农户之间的联合以及官方引导下的协会合作等，林地规模化模式主要有：基于村组的集体和村组统一经营模式、基于农户之间的林地股份合作经营模式、民营林场模式、林业专业合作组织模式，以及基于企业或大户与农户之间的联合经营模式等。

本研究将集体统一经营定义在行政村集体和村组集体两个层面。在林权制度改革以前，村集体统一经营是我国农村林业经营的重要模式，在有的省份甚至是主要模式，一般以村林场方式出现，在村集体模式下，又有以村民小组（村组）形式的集体经营模式，多数也是以村组林场经营管理模式出现。

（1）村组统一经营模式

在本次分山到户改革过程中保留下来的少量山林，经过所在村组大会协商，取得共识后，保留原有体制，由村组林场统一经营统一管理，经营收益主要用于村组公共开支，如修缮交通设施等开支。例如，在遂川县营盘圩乡大夏村，该村一个村民小组保留了约100亩山林为村组所有，林地经营收入主要用于村组公共开支，如洪水冲垮了村公路以及灌溉设施，村组雇请劳动力修路和灌溉设施的开支则主要从林地木材收益中安排。在问及村组农户对是否愿意保留100亩为村组统一经营时，农户的态度有支持的也有反对的。支持的人认为，村组需要一些资金来支付公家的必要支出，比如资助贫困户、水毁道路修缮、补助劳务性费用以及村组的公共开支以及其他紧急性开支，弥补村组资金紧张公家事务无人愿做的问题，反对的人觉得村组统一经营有可能存在经营收益分配不透明不公开，管理缺乏民主等问题，希望把村组的林子也分到户。最后，村组召开全体村民代表大会，通过投票表决方式决定了保留村组统一经营方式，但是每年村干部必须向全体村组农户公开林业经营收入、支出的详细情况，接受群众监督，在林业收入有盈余的情况下，村组实行按人口以现金方式分利到户。在林业生产方面，村组统一经营的林地投入基本上是以雇请人工为主的方式，雇工费由村组从林业收入中支付。

以村组统一经营管理的方式在湖南、江西等省的其他地区也存在，尤其是深山区，保留村组小集体经营模式还比较常见。在林权制度改革以前，这些山区的林地一直有集体统一经营管理的传统习惯，林地共有经营已经成为山区农民兴办公共事业的经济来源，即使在历次的林地拍卖、流转、承包等林地市场化的浪潮下，该模式也没有大的改变。我们从村干部的谈话中感觉到，在本次林权制度改革过程中，政府强制要求分山到户，实践中，该政策执行面主要集中在村集体林地的分户上，即将过去由村委会掌握的集体林地全部分到农户家庭，而村民小组集体统一经营的部分林地得以保留原来的经营模式，但这是体制外的做法。村民小组统一经营得以保留的主要原因是：一是林地和村庄地处偏远高山地带，交通不便，单户经营成本高、难度大，林地流转不活跃，林地没有被细碎化的历史经历，林权一直比较稳定，保持了林地集体经营的格局；二是村组林地面积大而人口相对较少，农户已经从村集体中分得了较大面积的林地，对村组的依赖程度不高，比较容易接受村组林地不分到户的做法；三是亲情关系。从我们调查的情况看，村组人口多为同姓居多，家族成分比重大，组干部多是由本姓氏家族中有影响的人物担任，有一定的权威性，农户之间容易沟通，也容易达成一致。另外，从实际利益上来看，保留村组林地集体经营，可以更好地为本姓氏家族农户提供直接的公共服务，解决农户实际困难，也可以降低公共设施建设和维护的成本。

调查发现，林权制度改革前后，村组统一经营林地模式就有存在。而且在林改前，南方的江西、湖南，以村组为单位统一经营的情况比较普遍地存在。林权改革后，在政府号召“分山到户”的政策要求下，村集体统一经营的体制宣告瓦解，除福建省以外，村组集体统一经营方式在大多数地方也宣告结束，集体经营在正规制度中继续存在的空间并不大。例如，我们从湖南省平江县黄金洞乡大黄村调查了解到，2009 年的林权改革，该村对山林进行了调整，主要是将过去由村组集体的一些山林分到农户，湖南省其他地方也都采取这样的做法。尽管江西省在相关文件中都表明尊重农村集体群众的意愿，可以选择统一经营或者分户经营两种模式，但是在实际操作中，更多的农民更趋向于分山到户，而且认为分的越彻底越好。毫无疑问，农户的这一选择有其合理性，而且理直气壮，尤其是在林木资源比较丰富的、林木质量比较好的地方，农户更加愿意将集体经营的林地分到自家。湖南的经验表明，将集体村组经营的林地分给农户，可以平衡因人口变动而引起的林地分配不公。当然，从采访到的行政村领导的谈话中，也感觉到村干部对将林地全部分给农户家庭有自己的想法，他们认为林子分光后，村级再也没有了收入，运转困难，村里面的公共设施也没有了经费来源，如果能保留一些林地归集体经营，可以基本满足村开支需要，现在则很困难。这一观点在江西省比较普遍，在福建省的反映则不大。原因是江西省的政策规定村集体不可以收取林地使用费，而福建则可以收取。这一政策差异，导致了江西和福建经营模式的差异。在江西，由于政策限制，商品林村集体统一经营几乎不再存在，但是一些山区地带仍然保留了一定面积的村组经营山林。与林改前相比，集体经营模式以村组主体取代行政村主体，但是集体经营单元变小，面积规模变小。从调查的样本村的统计数据来看，商品林村组统一经营的村数量不到15%，村组经营的林地面积占总面积不到3%。也就是说，林权改革后，江西等传统集体林区，以村组名义统一经营的情况属于少数。

但是，在福建省，村组集体经营是一个极为特殊和普遍的现象。在对福建的沙县和顺昌两个县的村级调查中发现，两个县的林权制度改革并没有像政府宣传的那样彻底，基本上是沿用了林权制度改革之前的做法，只不过将集体统一经营的林地主要是用材林地以有偿的方式（交纳林地使用费）平均地分配到小组，但没有真正地落实到农户家庭。以沙县凤岗街道际石亥村为例，在2004年林改的时候，该村成立了林改小组，由村两委＋村民组长＋村民代表（临时推荐的20户）组织，讨论分配方案，然后开村民代表＋党员大会讨论方案，然后各村民小组开会讨论，最后通过了分配方案，将山林按林木的质量分为5类，价格从100元/亩到400元/亩，平均分到小组（全村5个小组，每个组30多户），小组自己决定如何管理。每个小组大概分到了650亩左右。小组一般的管理方法是：幼林自己管护，由各家出钱，以后卖了才给村里交钱。各小组是卖出林子之后才给村里交钱，按当时评估的底价再加上山地的租金，一般是每年6～10元/亩，租金可以在林木采伐出售有了收入之后才交。在对福建省顺昌县大洛镇山际村的调查时还发现，该村2004年林改时，行政村按照1997年的面积与村民小组之间签订合同，将行政村的经营权利以合同的形式落实到村民小组，例如，毛竹山的林权证在村民小组，农户没有林权证。村干部认为，不能将林权落实到农户家庭，因为如果把林权证发到个人，以后的调整就会很困难了。该村干部还反映，2004年林改后还规定，两个小村每年交1.5万元，自然村交3万元给行政村，作为林地使用费。听村干部抱怨，林地使用费收取越来越困难。林改当初规定是，村组的每亩责任山每年上交村里3根9寸的毛竹作为林地的使用费，而农户自留山不用交，第一年有90%的农户交，后来就逐渐没人交了。可见，在实际操作中，林地使用费交纳存在比较大的困难。

(2) 村集体统一经营模式

在对四川省威远县观英滩镇观英村农户调查中，我们发现该村对公益林采取了“分股不分山”的做法。即村民会议决定，将属于集体经营的林地按股份分到户，并在林权证书上注明股份数量及其具体的股份面积，仍然保持集体统一经营山林的模式，收益按照集体20%股民80%比例分配。该种分法主要用于公益林（防护林），且这部分的林地在四川省1989年落实“林业两制”时没有落实到农户个人。经济林或者用材林则很少采用这种做法。

对四川威远县和丹棱县的调查中得知，四川省农村大部分有商品价值的林地在1989年落实“林业两制”时已经基本分到户，留下来的林地多是商品价值比较低的残次林或者划为生态公益林的林地。这种情况在江西、福建、湖南等县（市）也比较常见。

在山东莱州市郭家店镇南村行政村调查中发现，该村在1983年将水库上游集水区的1 400亩天然林分到农户，并于1985年发放林权证。林权证规定了分到户的林地面积，并对植被进行了估价，并要求每年按照估价的10%上缴承包费。目前的林业产权制度改革，重新将林权证收回，林地归集体管护经营，每户获得按照人口均分的股权证。由于原来的林地不能给农户带来什么收益，所以农户对于林权改革和收回林地不是很在意。但新的林权制度改革对于森林防火和森林保护有一定的帮助：每年的春秋两季村里安排一些较年长的农民进行巡山，而且由于距离镇防火站较近，防火和管护比较容易。

浙江省林权制度改革比较彻底，根据我们调查，德清和遂昌的林地从1983—1983年林业“三定”就分山到户了以后就一直没调整过，2006年的林改很简单，就是确认一下后发林权证。因此，基本上不存在集体统一经营的情况。但是也有一些特殊情况，如德清莫干山镇东山村的杉木林则保持着集体统一经营，一直都没有分到户，而是采取承包方式由承办方经营，维持了规模化经营的状态，经营效果比较好，承包方向村集体交纳承包费，承包费纳入村集体统一分配和使用，由于村集体分配透明，农户意见不大，很少有人提出要改变过去的承包做法。

整体上看，生态公益林基本上还是处于集体统一经营管理的模式，但是收益分配则以股权的形式明确落实到了农户家庭，即采取“分股不分山，分利不分林”的形式，将现有林地、林木折股均利分配，落实经营主体，实行股份合作经营。

5.3.3 林业合作经营模式——来自江西、浙江和福建省的经验

国内外对农民合作经济组织的研究较多，而林业和农业有着不同的特征，有着与农业很不相同的特点，例如生产周期长、易发生森林火灾、林地产权改革还在逐步进行等，林业合作经济组织与农业合作经济组织就有了显著的不同。本研究讨论的范围限定于从事用材林和经济林生产、经营的合作经济组织。从目前的情况看，林业合作经济组织主要分为合作林场、林业合作社和专业协会等模式。专业协会一般由政府牵头成立，是较松散的组织。

5.3.3.1 江西省林业合作组织基本情况

江西省林业专业合作社发展时间比较集中，绝大部分是在“十五”中后期发展起来，且主要分布在集体林权制度改革较早的地区以及林业产业发展相对较好的地方。林农合作模式从初期的“互助组”到三防协会模式，进而从简单的森林资源保护合作向经营方式合作发展，出现了民营林业造林公司、民营林场、林业专业合作社等多种形式。据统计，截至 2010 年 7 月，组建的林业经济合作社组织达 1.4 万多家。

江西省林业专业合作组织主要有 5 大类：一是以管护为主要内容的“三防”协会 1.1 万个，涉及面积 6 780 万亩，参加农户 198.42 万户；二是以营林为主的民营林场 1 244 个，经营面积 712.12 万亩，累计投入社会资金 23.75 亿元。三是以专业造林为主的民营造林公司 305 个，累计造林面积 216.25 万亩；四是以毛竹、油茶、药材等特色经营的林业专业合作社 952 个，参加农户 12.42 万户，经营林地面积 353.4 万亩；五是以加工为主的木竹协会 507 个（表 5－11）。

表 5-11 江西省林业专业合作组织各类型分布

单位：个,%，万亩，万户，亿元

合作组织类型	合作组织个数		涉及林地面积		参加人员户数		累计投入资金
	数量	比例	数量	比例	数量	比例	
“三防”协会	11 004	78.53	6 780	84.10	198.42	94.1	—
民营林场	1 244	8.88	712.12	8.83	—	—	23.75
民营造林公司	305	2.18	216.25	2.68	—	—	—
林业专业合作社	952	6.79	353.4	4.38	12.42	5.9	—
木竹加工协会	507	3.62	—	—	—	—	—
合计	14 012	100	8 061.77	100	210.8	100	23.75

资料来源：江西省林业厅，截止到2009年。其中标注“—”为资料缺失。

由表5-11数据可见，江西省林业专业合作组织以服务性行业协会为主的有11 004个，占了江西省林业专业合作组织的78.53%，而民营造林公司和木竹加工协会则比较少，一共只占了5.8%，民营林场和以毛竹、油茶、药材等特色经营的林业专业合作社分别占有8.88%和6.79%。合作组织涉及面积达8 061.77万亩，占江西省林业用地面积约50%。这说明在江西林业合作组织的覆盖范围很大。

5.3.3.2 浙江省林业合作组织模式

近年来，浙江省在推进林业产业化进程中，利用组建农民林业专业合作社，降低林农的生产成本，增加林农收入。据统计，目前全省林业专业合作社1 512个，社员数13.45万个，带动农户69.03万户，带动基地405.13万亩，促进了林业增效、林农增收，呈现出多种模式。

一是股份合作模式。该模式以农户承包经营的林地、林木评估作价入股成立合作社，林地、林木由合作社统一经营管理，在保障每年保底收入的基础上，年底按可分配收入享有分红，即“股份运作，企业经营，整体规划，统一产销，按股分红”。如成立于2009年2月安吉尚林竹林股份制合作社，以“入社自愿、退社自由”为原则，社员推选合作社中的能人，对竹林进行统一管理、统一经营、统一销售，利益共享、风险共担。对合作社来讲，可以扩大生产规模，增加科技等现代林业要素投入，发展高效生态的现代林业。对加入合作社的林农来说，不仅可以获得股权分红，还可以全身心的投入其他二、三产业。

二是统一销售模式。由专业合作社对产品统一进行包装与销售，并通过森林食品标志申报，商标注册，以及市场营销，树立品牌，进而实现产业化经营的目的。在“入退自由、平等互利”的前提下，由社员共同出资建立联合实体，收购的产品不仅局限于社员。其表现方式有“合作社＋基地＋农户”、“合作社＋社员”、“合作社＋农户”等。这种模式属于松散型，目前大多数林业合作社都采取这种合作模式。如成立于2004年6月的临安市岛石湖山核桃专业合作社，以“民办、民管、民得益”为宗旨，至今带动农户500余户，联结社员与农户共建成10 000亩无公害农产品生产基地，共举办大型培训班14期，接受培训人员15 000余人，发放山核桃资料10 000份，宣传资料近万份，并且为社员统一注册商标，制定种植、生产、加工、包装的统一标准。2008年销售955万元，利润52万元，二次返利36.3万元。

三是统一技术模式。由专业合作社给社员和农户提供种植管理技术，并统一执行技术标准，全程跟踪种植各环节以及提供技术服务，产品由专业合作社按约定的保底价回收。合作社坚持“四统一分”原则，即合作社统一生产资料、统一生产标准、统一品牌、统一销售，生产一分到户，自己负责。其表现方式主要有“合作社＋社员”、“合作社＋农户”等。这种模式属于紧密型，近年来发展较多。如成立于2004年3月的仙居县田园杨梅专业合作社，根据绩效分配制度，每年把利润60%返还给社员。合作社对订单农户免费赠送水果苗木、农机具、科技资料等。到2008年年底，合作社注册社员从创建时的5人发展到了109人，另有380户农户成为合作社的订单农户，年销售额从初期的几十万元增至2008年的850万元。2008年，合作社创利40多万元，合作社社员户均收入2万多元。

四是合同订单模式。该模式在整个林业产业化经营过程中，也叫“订单林业”模式。是指合作社（或龙头企业）为了保证原料的稳定供给，在产前与农户签订供货合同，合同内容中既有数量、质量要求，也有价格规定等条款。该模式属于半紧密型，以工业原料林为主要经营方向的合作社大多属于该模式，如丽水能福营造林合作社，由 344 户 1 245名林农，以 113 455 亩森林资源为股资，公司出资 100 万元登记成立，形成“公司＋合作社＋基地＋农户”的经营模式。通过建立专业合作组织后，使农民从单户生产走向合作经营，提高了林业集约化、规模化经营程度。通过集体购销等交易环节上的联合，避免无序竞争，降低单位购销成本，扩大产品市场份额，提高产品销售价格。通过参与产后的加工、营销等经营活动，拉长农产品产业链条，使成员获得更多的农副产品增值利润。

五是提供担保模式。为应对林农林业发展资金少、融资难等问题，农户以林地折价或现金方式合作成立专业合作社，不统一组织产品的生产、销售，只为社员提供融资担保。这种模式属于松散型，目前还比较少，如创建于 2008 年 9 月的庆元县创新竹木专业合作社不仅为林农林权抵押贷款提供担保服务，同时也向社员提供技术、生产资料采购、产品销售等服务。合作社积极鼓励并吸收其他社员以竹林资产折价入股，已从组建时 9 户 70 万元资金，发展为目前的 25 户 205.4 万元。目前，该社已为社员林权抵押担保贷款 170 万元，收取担保费 2 万多元，减轻社员负担 2 万余元。

从经营范围看，浙江省林业合作社涉及花卉、苗木、竹类制品、特色林产品等产业。浙江省林业专业合作社的发展呈现以下特点：一是发展速度较快。二是各地林业专业合作社涉及的范围越来越广。三是服务的领域不断拓宽，从生产、流通方面领域向加工、品牌建设领域拓展。四是合作社内部的利益联结机制更为紧密。

浙江省林业专业合作社的培育与区域特色主导产业的发展紧密结合。浙江省的木业、笋竹产业、山核桃、香榧、木制玩具工艺品等多个林业产业在全国享有盛誉，如诸暨的香榧、临安的山核桃、安吉的竹笋等。各地林业部门把区域主导产业的发展与专业合作社的培育相结合。如诸暨市冠军香榧专业合作社、建德市凤凰香榧专业合作社、德清县山伢儿早园笋专业合作社、临安市深宝山核桃专业合作社等都是围绕该地的特色主导产业而创办。

5.3.3.3 福建省村企林业合作经营模式——福建省将乐县上华村的案例

上华村是福建省三明市将乐县万全乡最边远的行政村，全村拥有林地面积 50 445.5 亩，森林资源非常丰富。2009 年 8 月，福建金森林业股份有限公司牵头，与上华村委会、广大林农经过长时间、分层面协商磨合，以“保障林农投资收益，稳定集体村财收入，扩大公司资源规模，共图林业产业发展”为目标，由福建金森林业股份有限公司、上华村委会以及以林业专业合作社为代表的广大林农，三方股东以林地林木折价入股，组建成立金森—上华林业有限公司，实行合作开发，共同获利，为发展现代林业，增加林区林农收入、稳定林区生产秩序、促进林业可持续发展提供了有益的探索。

村民企林业合作公司运作是推动集体林业可持续发展的新尝试，始终突显广大林农的股东地位。金森—上华林业有限公司自成立以来，凭借金森林业股份有限公司的雄厚财力、先进技术、管理经验以及广大林农的积极参与，实现林地、林木、资金、技术、管理等林业生产要素优化配置，村民企林业合作公司所处林区的经济效益、社会效益、生态效益逐步显现。

(1) 经济效益

一是合作三方受益。林业合作公司按照林木生长合理轮伐期，每年安排大约 4 000 立方米的林木采伐量，按现行市场行情测算，全年可实现净利润 200 余万元。村、民、企按各方持有股比（村委会 13.74%、林业专业合作社 32.06%，金森公司 54.20%）兑现股权收益，村委会可实得 27 万余元，村民林业合作社可实得 64 万余元，金森公司可实得约 110 万元股权收益，其中上华村林农人均每年收益超过 600 元。村集体每年还可以从林业合作公司提取 27 万余元的林地使用费和 8 万元的护林专项经费，加入林农利益分配，村集体和林农收入大幅增长。二是集约经营显效。由于经营管理更加规范，减少了生产管理成本和木材被盗的消耗成本，提高了林地的产出效益。合作经营后，每亩林地平均出材量将超过 10 立方米，比合作前每亩提高了 2 立方米，每亩林地增值约 1 000 元。三是企业资源扩张。福建金森林业股份有限公司通过村民企合作实现规模经营，进一步稳定和扩大了经营区，增强了企业竞争力。

(2) 社会效益

一是促进村企和谐。通过村民企林业合作经营，实现了共同投资，共同所有，利益共享，解决了林农失山失地问题，林农通过投资入股，获得投资收益，涉林矛盾纠纷得到有效解决，减少了政府的行政投入，促进了村企和谐。二是加强林区管护。林农的护林主体责任意识明显增强，林业合作公司加大了森林管护和病虫害防治力度，有利于保护林木资源、稳定林业生产秩序。三是实现规模经营。从经济学的角度看，只有具备了一定的规模才会有效益。从林业经营的特点看，更是需要适度规模经营。规模化经营促进林农及时掌握市场动态，传递产销信息，指导林农按市场需要组织生产，在保持山林所有权不变的前提下，林农通过产前、产中、产后的联合，使资源配置得以优势互补，实现小生产与大市场的对接。四是履行企业社会责任。实行村民企林业合作经营后，福建金森林业股份有限公司进一步增强了“携手林农，社会责任”的经营理念，加大了参与社会主义新农村建设和社会捐资助学的力度，力求履行企业社会责任，共创和谐社会。

(3) 生态效益

村民企林业合作经营模式从多层次上建立了生态保障机制，成功地破解了这一难点。林业合作公司根据自身资源状况，编制森林经营方案，实施科学的轮伐与更新，达到了森林资源永续利用的目的。同时将经营区内的生态公益林和具有明显水土保持功能的林木划作村级水土涵养林，实行无偿代管；对水土保持功能并不明显的林木，采取小面积采伐方式，适时更新阔叶树种，确保村民生活用水的需要，保护了生态环境。这一系列举措对于提升森林质量，发挥林业的生态、经济、社会和文化等多种功能，促进人与自然和谐，推动经济社会可持续发展等都能起到事半功倍的效果。

但是，村民企林业合作经营中也存在一些需要引起关注的现实问题：首先，村民企林业合作经营应真正反映林农真实意愿。集体林权制度改革后，林农对各种信息资源的占有程度并未因改革而骤然提高，林农作为弱势群体的地位尚未根本改变，他们在话语权行使上时常处于“失语状态”。按照林改政策的规定，山场拍卖必须通过市场化的“公开”招投标的方式进行。然而，在这个过程中，由于普通林农严重缺乏资金，他们在招投标中根本没有相应的经济实力与外部投标人进行竞标，这反而给一些有资金能力的企业提供了有利机会。而且，我国林改政策规定村集体组织在林改中享有自主决定权，有些村干部曲解政策规定，以个人意志替代村集体组织决定，在流转程序上未严格依法、依规操作，未经过村民大会决定就擅自转让、出卖山林，导致本村林农无山可耕或者引发对林地权属的纠纷。其次，林农权益必须得到切实维护。集体林权制度改革涉及复杂的利益协调和利益分配，保护林农合法权益，是集体林权制度改革的题中之意。从理论上说，在林业合作公司内部，企业与林农之间是一种互利互惠的合作伙伴关系，林农一般也会获得社会平均水平以上的利润。但是林农整体的意愿与权益已由村林业专业合作社予以代表和代言，单个林农的特殊利益和诉求难以得到满足，考虑到林业合作公司各个相关主体中，单个林农总是处于弱势地位，为此，必须十分注重倾听单个林农的诉求和意愿，十分注重采纳他们的合理意见和建设，十分注重维护林农的股东地位和权益，只有如此，林业合作公司才能发展壮大。

5.3.3.4 林业合作组织基本类型、特点和功能

（1）以管护为主要内容的“三防”协会

“三防”协会，就是专门提供防火、防虫、防乱砍滥伐的管理服务工作。由于这类协会的非营利性质，且政府补贴也比较少，主要靠会费支撑运作，所以在资金上存在着一定的困难。在江西省，这种类型的合作组织最多。如靖安县“三防”协会被国家林业局授予“全国森林资源管理先进单位”。靖安县“三防”协会在性质上属于群众自发组织、自由参与的非官方组织，由会员大会民主投票产生协会理事会，设理事长一名、副理事长若干名，理事长由理事会选出，负责协会的全面工作。协会具有自己的章程和制度，定期召开理事会。从而使得协会有权理事，有人管事，有钱办事，并设立护林巡防队，由护林员巡视山林，协调纠纷，采用互助的方式实现规模化经营，这些措施不仅在一定程度上

实现了林业产业的规模化经营，而且减轻了农户的负担，获得林农的一致好评。根据调查资料显示，2006 年以后加入该协会的会员占到了目前会员总数的 74%，“三防”协会数量年均增长率超过 50%，并且随着越来越多的农户加入到“三防”协会，协会的地位和作用也得到了一定的完善和提高。

（2）以营林为主的民营林场

这类合作组织以股份合作林场或家庭合作林场为主，其主要提供林业经营方面的服务，对林场所有的林木进行森林培育经营、采伐运输、信息咨询等服务。在福建、浙江省也比较广泛地存在。合作林场是正规的经济组织，分为家庭合作林场、股份合作林场两类。家庭合作林场是指林农以家庭为单位，以地域为界，将林改中所分得的林地折价入股，并筹集部分股金而组成的家庭式林业联合经营实体。根据经营方式家庭合作林场又可细分为集体化经营的和股份化经营的家庭合作林场。集体化经营的家庭合作林场户数多、户均林地面积小，一般是林业社的延续，具有集体化经营的特征。股份化经营的家庭合作林场参与户数少、户均林地面积大、林场总体规模大，其经营管理方式类似于股份合作林场。股份合作林场是指林农以亲情、友情为纽带，将其通过购并所获得的林木、林地，折价入股，并按所出资的比例承担责任和分配收益。

在江西省，这一类合作组织也占了很大一部分比重。如吉安市吉州区思倍得林木专业合作社，注册资金规模为 30 万元，拥有组织成员 82 户，截至 2010 年 7 月，其经营的林场面积达到了 20 000 余亩，为组织成员提供林业信息、技术、指导、咨询服务，为成员开展造林、抚育间伐、成材林销售、经济林建设等服务。在三年时间内，吉州区思倍得林木专业合作社投入 2 800 万元进行林区的基础设施建设，进行了万亩井冈蜜柚道路、灌溉设施及其他辅助设施建设。根据资料显示，组织成员有 87%对合作组织的工作表示满意，其中有 60%的成员认为通过合作组织，提高了家庭收入。

从江西的情况看，股份合作林场的特点是：一是“经济能人”带头，即牵头人，要由在村组里说话算数，本身经济条件较好的人来组织，或由村民小组长来召集，股份合作林场给予牵头人一定的误工补贴。二是以山入股。以一定区域的山地，按林改分户后个人经营山地面积来折成股份，以股份多少来分摊造林、抚育等费用，即以股投资，签订协议，今后抚育及其他管护等费用再按面积出资。股权可以转让，可以依法继承，但股权转让必须通过股东大会投票表决通过方可实施，在同等条件下，股东内部有优先购买权。三是专业造林。为提高造林成效，避免造林质量参差不齐，专门雇请经林业部门培训的有资质的造林专业队施工，确保造林质量。四是建章立制。按照“资金共投、风险共担、利益共享”的原则，林业部门协助林农组建股份合作林场，制定章程，选举林场场长和管理人员，议定林场管理的若干规定。

（3）以专业造林为主的民营造林公司

以专业造林为主的民营造林公司的主要特点是：农民自愿联合起来兴办专业协会或合作社，再由若干成长起来的、效益较好的协会或合作社联合起来组建“龙头”企业或公司，形成“协会+公司”或“合作社+公司”的“一社两制”的专业合作模式。这类组织通常是公司召集个体农户为其进行造林、管护、销售，出于管理的便利，发动农户组建合作组织，该模式仍然是在双方自愿的前提下，以合约加以规定的实体性组织。

以专业造林为主的民营造林公司实际上就是专业协会或专业合作社（包括股份合作社）分别与公司治理模式相混合的农民经济组织。其制度特征主要表现为：在农民专业合作中产生了公司或企业的治理模式。无论从组织内部的财产联结紧密度上说、还是从组织的治理规范上，与协会和合作社相比较而言，都产生了质的飞跃。但就整个农民专业合作经济组织体系而言，因为在整个合作组织系统的局部出现了非合作产权结构特征的公司治理形式，因此这只是一种局部的质变，或称为准企业模式。

在江西这类合作组织所占的数量比较少，只占了2.18%，涉及的面积有216.25万亩。但由于公司的介入，这一类合作组织通常都组织形式稳固，管理严密，在各类合作组织中的组织化程度是最高的。如上高县林业经济合作组织，该组织在工商部门注册在案，有合法的营业执照，其主要业务范围是木材种植及培育，总资产规模达1 200多万。上高县林业经济合作社于2007年5月成立，现有社员317户，旗下的上高县绿原造林有限公司和上高绿原股份林场是其下属企业。到目前为止，该社以“合作社＋农户＋基地”等方式实施山上造林6 100余亩，“一大四小”平原造林1.2万亩，建设育苗基地480亩，共涉及108个村民小组，参股及收益农户2 730户，解决就业132人，其中大专学历8人。合作社与多个村签订合同书，村内农户以租赁形式将林地租赁给合作社，在租赁期间，合作社享有林地的经营使用权，林木收益按7：3分配利润。

（4）以毛竹、油茶、药材等特色经营的林业专业合作社

以毛竹、油茶、药材等特色经营的林业专业合作社，顾名思义，即以某种产品为核心，围绕这种核心产品，将该类产品的经营大户或者所有该产品的经营者组织在一起，对该产品的产前、产中、产后提供生产服务，以家庭为单位进行生产，为社员统一采购生产资料、产品储藏和运输等有偿或无偿服务，实行一人一票制的管理方式。对外从事经营业务，以合作社为单位，采取统一品牌、统一销售的经营方式。合作社以稍高于市场价的价格向社员收购林产品，部分有条件的合作社对林产品进行初级加工后再对外销售，大多数合作社建立了利润返还机制，社员可按其与合作社的交易额获得返还利润。既包括技术服务型、销售服务型等业务单一的专业合作经济组织，同时也包括集产、供、销、服务为一体的综合性合作经济组织。

江西省这一类的合作组织有952个，占全省合作组织总数的6.79%。如新建县绿源井冈油茶专业合作社，以油茶种植、销售为主，注册资金达500万，参与农户211户，经营面积达6 600亩，其中油茶林苗繁育50亩、油茶林示范基地2 500亩。油茶种植农户通过合作社，统一获取种苗，免费获得种植技术，并通过合作社统一进行销售。调查显示，78%的农户认为加入合作社后产量得到了提高，84%的农户认为通过统一销售，销售收入得到了较大的提高。

（5）以加工为主的木竹协会

以加工为主的木竹协会，主要提供加工等增值服务，通过对木材竹材的后期加工，提高林产品的附加值，进而提高农民的收入。江西省这

一类合作组织还比较少，只有507户。如婺源县的赋春镇雷竹种植加工合作社，该合作社以雷竹的种植加工为主要业务，注册资金为135万，拥有竹材加工设备5台，价值500万元。参与合作社农户22户。合作社将组织成员的雷竹以高于市场价收购，进行深加工再对外销售，合作社能够通过农户的合作保证稳定的高质量原材料来源，而农户可以通过合作社提供的先进技术提高产品质量、产量，合作社统一回收产品，保证了销量和销售收入。

5.3.3.5 林业专业合作组织运行机制分析

随着林权改革的进程，林业规模化经营程度的不断提高，农村林业专业合作组织不断发展壮大，但目前仍处于初级阶段，虽然在提高农户收入和产业化经营水平上发挥了重要作用，但还不够规范，自身发展能力不足，这很大程度是由运行机制造成的。因此，有必要对我国农村林业专业合作组织的运行机制做出深入分析，并对其做出准确评价。

(1) 成立机制

根据创办者身份不同，可以将林业专业合作组织分为三种：一是由大户或者能人牵头，农户自愿参加，就某一产业或某一服务组成的专业合作组织；二是由上级政府部门倡议，由农民自愿联合，依靠政府的扶持而组成的专业合作组织；三是由林业公司或者龙头企业牵头成立的林业专业合作组织。其中按照成立过程中的不同地位和作为，又可以分为以农民自身为主导的内生型组织和非农民主导的外生型组织（图5-1）。

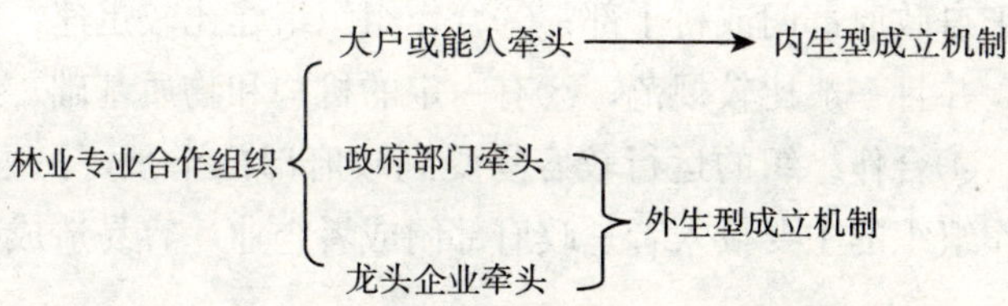

图5-1 林业专业合作组织成立机制分类

以江西为例，该省林业合作组织按照成立机制划分，内生型合作组织占10.68%，而外生型合作组织占了89.32%。

所谓内生型成立机制，是指在林业专业合作组织的组建过程中，农民是主要发起人和创办者。这里的农民主要是指农村能人，即乡村干部、技术能手或专业大户等。这类合作组织主要是这些农村能人依靠多年积累的专业技术、销售经验等资源，组织农民将所拥有的生产资料集合在一起，进行合作。江西、浙江和福建等省内生型的林业专业合作组织所占的比例比较少，究其原因，是因为内生型的合作组织存在以下三个缺点：一是由于是由某个或某几个农民自身牵头组织起来的，一般规模都较小，只是在牵头人个人的威望下，集合的少数相熟的农户，一般组织机构也不是很完善，有的甚至连章程也没有。二是牵头人的自由资金和组织的资金不能很好地区分开来，牵头人投入的时间、精力和金钱很难得到合理的回报，其他的组织成员较多依靠牵头人的个人能力，整个组织内成员之间的成本付出不公平，存在严重“搭便车”现象。三是这类合作组织对牵头人的素质要求很高。首先他必须具有较强的合作精神，能够将组织内成员较好的聚合在一起，以民主互利为原则推进合作；其次他要有很强的奉献精神，甘愿为组织奉献个人的能力时间甚至是金钱。所以，符合条件的牵头人就少之甚少。这类组织存在的情况，一般是某个农户由于具有上述的基本能力，并且有继续扩大经营的意愿，联合少数一些关系好或者有血缘关系的亲属一起联合起来进行林业生产经营。

所谓外生型成立机制，指的是在林业专业合作组织的组建过程中，农民扮演的是配角，是依托其他非农民个人的部门或组织发起和创建的。外生型的合作组织的特点是：①行政色彩较浓厚，合作组织的领导人物大都来自政府部门或村干部；②合作组织组建比较迅速，能得到较好的发展，并且一般比较规范；③有一定的机构和物质基础，组织结构比较稳定；④合作组织的运行较容易受到政府部门干预，民主性较弱；⑤该类合作组织的主要投入者是政府部门或者企业，容易造成产权不清等问题。

从“民办、民管、民受益”的原则来看，林业专业合作组织最好的成立机制应该是由农民主导成立的内生型合作组织，然而就江西和福建省的情况来看，外生型合作组织在林业专业合作组织中占有80%以上的比例。原因是由于两个省经济还相对较弱，农民的能力有限，如果不通过政府或相关单位的引导扶持，单靠个别大户或者能人很难维持合作组织的运行和发展。

在现阶段，依靠外部力量的外生型合作组织还是林业合作组织的主要类型。政府或者相关部门需要给予一定的扶持而又要尽量保证合作组织内部管理的民主性，牵头单位不应该过多的参与到组织内部运行中。总的来说，为我国农民专业合作组织提供良好的外部发展环境，提高农民的素质，是真正以农民为主导的专业合作组织成立和发展的关键。

（2）决策机制

林业专业合作组织的宗旨是“民办、民管、民受益”，要真正实现“民受益”就要先解决好前两步的问题。而“民管”的主要体现在合作组织的决策机制上，一个民主管理的合作组织，一定有一个合理的决策机制。合作社诞生以来，民主管理就是其代表性制度。为实现合作组织的服务宗旨，林业专业合作组织在决策机制上必须实现其民主性，以保障组织成员的地位和经济利益。决策机制关键包括两个方面，一个是“举手机制”，即组织的选举表决制度，二是日常管理的控制权。

我国《合作社法》在第二十二条规定：“农民专业合作社成员大会由全体成员组成，是本社的权力机构”，组织的领导人选举、重大经营决策、盈余分配、组织的合并、解散等事宜，都需要通过成员（代表）大会进行讨论、表决。

一般的表决实行“一人一票”制，但为了对资金给予更大的权利的发展趋势，以及在我国农村资金是最缺乏的生产资料的现实，《合作社法》在第十七条对出资较大或在其他方面对合作社贡献较大的成员给予了一定的保障，“出资额或者本社交易量（额）较大的成员按照章程规定，可以享有附加表决权。”

所以在现实中，以江西省为例，林业专业合作组织决策机制存在一人一票制，一股一票制和一人多票制这三种情况。其中以一人一票制为主，占 38.5%；一股一票制为辅，占 48.9%；有少数一人多票制，占 12.6%。

理论上讲，“一人一票”应该是林业专业合作组织的表决方式，这是合作组织实现民主决策、民主管理的保证，但我国目前资源稀缺国情使得一人一票制在实际中往往让位于一股一票制，合作组织也以为成员服务为宗旨逐渐向成员收益最大化为宗旨的方向转变。

(3) 日常控制权

除了事关组织发展的重大决策原则上须有成员（代表）大会表决外，合作组织的日常经营、投资活动通常由理事会负责。理事会成员由选举产生，依照章程的规定行使职权。理事会拥有职权范围内的日常控制权。一些规模较小，成员数较少的合作组织内，通常也在几个主要的股东之间进行职权的分工，各自享有职权范围内的日常控制权。

在外生型合作组织中，由于政府或相关部门或公司的介入，理事会成员往往由政府或相关部门职员或公司职员担任，这些人在农民利益和相关部门或公司利益发生冲突的时候，很可能做出背离组织成员利益的决策。而且某些合作组织中，普通成员的民主管理意识薄弱，参与日常决策的积极性不强，使日常控制权落在的少数人手中，不利于管理的民主。

在内生型合作组织中，一般由大户或者能人担任理事长，出于对能人的信任或能人权威的畏惧，普通成员往往放心交给能人一人决策，发起人一个人的决策，则可能由于自身实践知识有限或者存在私心而做出有违组织成员利益的决策。

6 林地分散经营，通过何种途径实现联合经营，进而实现规模效益利益相关者分析

6.1 林地联合经营各利益相关方

林地流转是实现林地联合经营进而实现规模效益的必要条件。所谓林地流转是指在不改变林地用途的前提下，按照自愿、合法、有偿的原则，林农以股份合作制、租赁、拍卖、承包等多种方式转让林地的行为。但是，在现实中，因林地流转方式和利益分配方式不同，使得林地联合经营组织模式和主体之间合作紧密程度出现比较大的差异，会出现“有流转而无联合”的情形，比如林地使用权拍卖形式，林农无法和买主实现联合经营，因此，林地流转还不能成为林地联合经营的充分条件。

从全国 9 省调查了解以及对已有文献所描述林地联合经营的案例看，各地存在的多样林地流转方式产生了多样的林地联合经营组织模式，产生了不同的利益主体结构形态。整体上看，林地流转情况不外乎三种形式：

一是农户林地使用权单独长期流转，以及林地使用权和林木所有权的共同长期流转，转出方不保留流转后林地的收益权，流转主要采取转让形式。其中，受让方包括自然人或法人组织，转出方包括农户、村集体，受让方需向转出方支付一定租金，并签订转让合同，获得转出方林地使用权，或林地使用权和林木所有权，成为新的权利主体。在现实中，林地使用权单独长期流转主要为无林地流转，而林地使用权和林木所有权的共同长期流转则为拥有一定蓄积量的有林地流转。租赁、转让协议的达成采用拍卖、招标、协议等具体方式。双方签订的

转让合同中具体规定了租金数量，租金支付方式，转让期间以及期满后林地上存留林木的处置方式。就有林地的流转，受让方同时获得林地使用权和林木使用权，以及与上述两项权能伴生的处置权、收益权、抵押权。

二是林地使用权单独长期流转，以及林地使用权和林木所有权的共同长期流转转出方保留流转后林地的收益权，流转主要采取股份合作形式。转出方为农户，而转出方多为具有技术、资金优势的营林公司等法人单位。此类形式涉及的林地既包括无林地，也包括有林地。转出方保留林地的收益权，即农户在林地流转协议有效期间可获得林地经营收益。流转发生后，受让方获得林地使用权和经营权，并依据流转协议，将营林收入依据两者间合作协议进行分配。通常，作为转出方的农户不参与生产经营活动。在“三定”期间，此类形式已存在，当时主要形式为国户联营林场，即国有营林公司以技术和资金入股，农户以具有使用权的林地入股，两者进行股份合作。

三是林地使用权和林木所有权的短期流转，主要采取转让形式，转让通过招标拍卖、协议等方式完成。此类流转主要针对活立木流转，产生于林木生产限额制度和规模化生产的内在要求。短期流转时期为1～2年，主要内容为林木、竹木采运活动指向为成熟林。流转发生的条件为作为转出方的农户，在主观上认为自身难以获得采伐限额，或是自行进行采伐生产的成本较专业公司的高，从而将活立木转出。受让方通常为木材商人或专业采伐公司，其转入的先决条件是获得了全部或部分采伐指标且进行采运生产和销售原木可获得收益。其中，流转时期为1年的表明受让方获得了足额的采伐额度，2年的则表明受让方只获得了部分采伐指标，其在第二个生产年度还需争取采伐指标。对于转出方而言，选择短期流转，让渡了林地和林木的收益权、处置权、转让权和抵押权，但可以规避生产风险。

在本研究中，将林地联合经营理解为：农户将已经分到手的林地（包括林木）产权作为合作标的物，以双方自愿为前提，本着公开、公平、公正的原则，在林地使用性质不变、现有林地、林木价值不受侵害的情况下，以农户为主体，将分散的林地林木资源流转给有资金、有技术、有人才的企事业单位、公司、个人进行联合经营，农户保留林地林木流转后的林地林木收益权。为此，剔除了林农一次性卖断林地林木使用权而不保留收益权的情形。

近期有的研究者将林地流转内涵予以拓展：既有集体林场、农户将林木经营权转让给从事森林经营的大户，包括招商引资进入的外来公司，也有小规模经营农户之间，以租赁、承包、赠与等方式转移林地经营权。林地流转导致林地联合经营主体多样化，包括农户、经营大户、农民合作组织、乡村林场、乡（镇、街道）林业管理服务站站办林场、县乡联营林场、国有林场、森工采育场、外来公司等。另外，在各地林权流转的实际操作中，政府干预依然是林地流转一个不可或缺的因素，一方面表现在林权流转程序，另一方面表现为具有规模的林地经流转后获得有利采伐条件，因此，政府是林地流转和林地联合经营不可缺少的主体，在有些地方，政府甚至发挥着主导作用。

尽管林地联合经营涉及林地流转过程中的诸多社会单元，但是，从林地联合经营的概念以及最终的主体结构来看，我们将林地联合经营利益相关方限于以下几类：

地方政府主体：主要是县（市）级林业行政管理部门及其下属林业机构，为间接利益相关方。

林地经营权所有者主体：限制在林改后获得林地经营权的农户主体，为直接利益相关方。

公司、企业和大户：主要是林地林木经营权流入方或出资方，为直接利益相关方。

林业合作组织：已经存在的林业专业合作社、协会、股份林场等，为间接利益相关方。

6.2 林地联合经营的农户环境分析

农户林地林木转出行为直接关系到林地联合经营。一般观点认为，农户林地转出行为是对自行生产经营预期收益判断的结果。实际上，作为转出方的农户本身并不具有完全理性，其转出行为不仅受对预期收益的判断影响，还将受其他因素的影响。分析农户转出林地林木行为的影响因素，有助于对农户行为形成更为清晰的认识，从而为林地联合经营模式和制度设计提供科学依据。本研究已经把林地联合经营限定在农户共同收益模式的范围，因为，将农户流转意愿也限定在合作（联合）经营的范畴，而将企业买断林权的合作模式排除在外。

为了探究农户联合经营的潜在需求，以实地调查数据和资料为依据，从农户林业生产现状、生产需求、林业生产困难等多个角度，分析农户对目前林业经营环境的认知程度，以此作为考察农户参加合作的潜在可能性，然后，再以已经发生了林地流转实行联合经营的农户样本为依据，具体分析农户采取联合经营行动的动因和因素。

6.2.1 农户家庭林业经营困境及现实需求分析

6.2.1.1 农户家庭林业生产经营存在的困难分析

在调查中重点关注了农户家庭经营林地中存在的困难及对社会服务需求问题，目的是想掌握农户在林地细碎化后面临的社会服务供给短缺状态，并将这一“短缺”作为农民将林地流转选择联合经营的内生因子。将农户从事林业生产经营过程中的主要困难及原因选项设置为：林地规模过小、缺少先进技术、林产品销售困难、缺乏劳动力、资金不足、抗风险能力低、害怕政策不稳定、其他原因，我们还增设了“没有困难”的选项。全国9个省2 400余户农户实地调查统计结果如表6－1所示。

从农户平均统计结果看，农户在林业生产经营中存在困难的难度大小顺序依次是：林地规模太小＞资金不足＞缺乏劳动力＞抗风险能力差＞缺少技术＞产品销售困难＞其他原因＞害怕政策不稳定。可见林地资源、资金和劳动力缺乏已经成为当前制约林农家庭林业生产经营活动的因素。而技术、产品销售以及政策稳定性问题虽然是影响林农林业生产的因素，但已经不是主要因素。林业生产技术相对简单且容易掌握，在我们调查的农户中有相当部分是处于山区甚至是深山区，林业生产经营习惯浓厚，传统林木栽种技术和抚育技术已经为农户所掌握，一些农户提到的技术缺乏主要是对经济果木林或者新品质林木的栽种技术比较缺乏，比如四川省丹棱县近几年大规模发展桉树速生高效丰产林，农民

表6-1　个样本省（自治区）农户家庭林业经营时存在的主要困难统计

单位：%

省份	林地规模太小	缺乏先进技术	林产品销售困难	缺乏劳动力	资金不足	抗风险能力低	害怕政策不稳定	其他	没有困难
福建	43.6	11.5	1.8	3.0	12.7	4.2	1.8	1.2	20.0
广西	23.8	11.6	3.7	23.2	22.0	1.8	1.2	5.5	7.3
河南	16.7	6.3	3.3	14.4	15.6	35.9	0.7	1.9	5.2
辽宁	17.9	21.3	3.9	8.7	17.9	4.8	6.3	1.4	17.9
山东	12.8	10.3	3.8	9.0	29.5	7.7	0.0	2.6	24.4
四川	23.2	8.8	10.4	8.0	18.4	4.0	3.2	2.4	21.6
浙江	34.9	5.8	1.2	19.8	12.8	5.8	8.1	1.2	10.5
江西	17.5	6.3	4.9	4.9	26.6	6.3	4.9	11.2	17.5
湖南	23.1	5.6	0.6	15.0	35.6	3.1	0.0	1.3	15.6
平均	23.72	9.72	3.73	11.78	21.23	8.18	2.91	3.19	15.55

的积极性很高，但是对育苗技术掌握不够，而山东省农户主要是对新品质果树栽种和储藏技术的需求比较大。林权制度改革后，山林权分到了农户家庭而且获得了新的林权证书，农户对政策稳定性有了很好的预期；林产品销路也不存在很大的困难，目前山区林产品的销售渠道主要是以经销商上门收购为主。

6.2.1.2　农户扩大林业投资意愿分析

为了掌握林农投资林业生产的积极性，对9省（自治区）样本农户扩大林业生产及投资意愿进行了实地调查，结果统计见表6-2。

表 6-2　9 个样本省（自治区）农户加大林业投资的意愿比重情况

单位:%

省份	愿意	不愿意
福建	57.5	42.5
广西	48.9	51.1
河南	39.0	61.0
辽宁	50.6	49.4
山东	73.8	26.2
四川	69.3	30.7
浙江	45.1	54.9
江西	70.1	29.9
湖南	52.8	47.2

表 6-2 统计数据显示，9 个省（自治区）农户扩大林业投资整体意愿为 55%，说明多数农户有扩大林业生产的意识，有大约 45%的农户不愿意扩大林业投资。不同省和不同地区的农户在扩大林业投资愿意上有比较大的差异，山东、江西、四川 3 省农户愿意扩大林业投资的比例比较大，超过 69%的受访农户愿意扩大林业投资，这可能和林业经营类型有一定的关系，山东省的受访农户多以经营果木林如蜜桃、苹果等高价值林产品为主，增加投资有直接的经济收益，江西受访农户也多为山区经营杉木等当家树种为主的农户，经济效益好，追加投资有好的产出，四川受访农户中，有相当部分的农户愿意扩大速生丰产林投资，如栽种桉树经济价值高，当地已经有一些企业和大户带头栽种了规模比较大的桉树，其示范作用明显，带动了农户投资林业的热情。而广西、河南、浙江省多数受访农户不愿意扩大林业投资。其中的原因有待进一步分析，其中的原因之一可能是三省统计数据出现了一定程度的偏离。

6.2.1.3　农户扩大林业投资强度分析

进一步对愿意扩大林业投资的农户预期投资额度进行分析，调查统计结果见表6-3。

表6-3　9省（自治区）样本农户扩大林业经营规模计划投入资金比重

单位：%

省份	5 000元以下	5 000～10 000元	1万～5万元	5万元以上
福建	15.4	33.3	38.5	12.8
广西	34.8	59.6	3.7	1.9
河南	54.5	38.6	4.0	3.0
辽宁	7.8	38.8	31.0	22.5
山东	52.3	33.0	11.4	3.4
四川	52.6	26.9	15.2	5.3
浙江	34.3	32.4	17.6	15.7
江西	43.5	26.1	18.6	11.8
湖南	62.5	25.8	9.4	2.3
平均	39.7	34.9	16.6	9.6

表6-3显示，9省（自治区）受访农户愿意扩大林业投资的农户投资强度以1万元以下为主导，占75%，愿意投资1万元以上的农户只有25%。这从一个侧面反映出农户对林业扩大再生产的态度，农户家庭现金收入有限，而林业投资周期相对比较长，收益比较低，农户将大额资金投入到林业显然不符合农民的投资心理和实际境况。因此，这一结果比较客观地反映了当代中国农村农户对林业经营的态度。但是，在不同省区农户投资强度存在比较大的差异，福建和辽宁省超过50%受访农户愿意投资1万元以上资金用于林业经营，其余省区超过50%的受访农户只愿意投资少量资金。农户林业投资强度的选择差异可能和农户家庭收入状况、林业经营习惯、林业收入水平以及林业经营品种类型存在很大的关系，这些因素如何影响农户的选择意愿，有待进一步探讨。

6.2.1.4　农户扩大林业投资困难分析

为了了解农户在扩大林业投资选择中的困难因素，本研究调查统计了所有被访问农户所回答的原因，比重见表6-4。

表6-4　9个样本省（自治区）农户认为扩大经营存在的难度比重情况

单位：%

省份	没有难度	缺乏资金	缺乏技术支持	产品缺乏市场	政府保障不健全，未来收益难测	缺乏劳动力	其他
福建	8.0	38.0	18.0	4.0	9.0	4.0	19.0
广西	8.9	50.0	15.8	1.4	4.1	15.1	4.8
河南	2.1	44.0	11.1	4.1	3.3	35.4	0.0
辽宁	10.8	49.1	19.8	3.6	5.4	3.6	7.8
山东	15.5	30.0	20.0	6.4	11.8	13.6	2.7
四川	6.6	42.1	19.5	9.5	4.2	11.6	6.6
浙江	4.5	40.6	14.3	2.3	6.8	12.0	19.5
江西	3.7	57.1	13.4	2.2	7.8	9.0	6.7
湖南	5.6	42.9	15.4	1.5	3.4	28.2	3.0
平均	6.5	44.9	16.2	4.3	5.5	16.1	6.6

从表6-4不难看出，资金缺乏是导致农户不愿意投资林业的主要原因，缺少技术支持以及劳动力缺乏也是重要原因。农户对未来收益预期的不稳定性也是影响农户投资的一个重要因素。分地区来看，影响农户投资林业的困难因素比重基本相似，但以广西和江西两省（自治区）受访农户对资金缺乏的敏感程度最高，福建和山东省受访农户对资金缺乏的敏感程度最低。山东省受访农户对技术缺乏和收益不稳定性的反应比较强烈，可能和山东省受访农户林果业经营模式相关。

6.2.1.5　农户不愿意扩大林业投资的原因分析

对选择不扩大林业生产和投资的农户，我们对该部分农户选择的原因进行了调查统计，结果见表6-5。

表6-5数据显示，超过42%的受访农户认为林业生产周期过长影响了他们从事林业生产的积极性，这些农户更愿意把有限的剩余资金投放到养殖业、经济作物种植业等生产周期比较短的产业，而对于投资林木种植业不感兴趣。另外，有36%的农户抱怨经营林业利润过低，经营林业在经济上不划算。这和林业生产周期过长的反应是一致的。但是我们发现一个比较有意思的统计结果，农户对林业经营风险的担心并不

表 6-5 9个样本省（自治区）农户不想扩大规模的原因比重情况

单位:%

省份	利润低	周期长	风险大	政策不健全	其他
福建	42.4	28.8	6.1	15.2	7.6
广西	21.1	45.1	5.6	7.0	21.1
河南	47.3	46.4	4.9	0.9	0.4
辽宁	34.6	36.5	1.0	26.9	1.0
山东	29.5	45.5	2.3	18.2	4.5
四川	38.5	47.3	4.4	3.3	6.6
浙江	46.6	23.7	0.8	11.0	17.8
江西	14.6	41.6	6.7	18.0	19.1
湖南	24.7	62.9	3.4	1.1	7.9
平均	36.0	42.1	3.9	9.6	8.4

明显，多数人认为林业经营风险不是影响林业经营和投资选择的原因，同样对政策的稳定性也表现出不担心的心理。从各省的情况看，不同地区的农户对资金、利润、风险和政策等因素的反应并不相同。辽宁的统计数据表明，农户对政策的稳定性的担心比例比较高，有超过 20%的农户认为政策不稳定是他们放弃林业投资的因素。

6.2.2 农户家庭基本经济特征分析

6.2.2.1 9省（自治区）受访农户家庭收入特征

（1）整体情况

将9省（自治区）农户家庭收入数据整理于表6-6。表6-6显示，2003—2009年5年间，受访农户家庭总收入呈现持续上升态势，2009年超过34 000元。这说明，随着我国经济社会发展，农村社会经济发展也发生了巨大变化，农村农民家庭收入快速增长的态势证明了我国“三农”政策取得的成效。分省看，浙江省和河南受访农户家庭收入总量最大，2009 年超过 54 000 元，其次是江西、福建和辽宁三个林权制度改革现行省，受访农户家庭收入 2009 年超过 35 000 元，而受访农户多是居住在林区乡村，说明近年来，山区农村农民家庭收入也呈现出快速增长的势头。山东省受访农户家庭收入历年处于最低水平，这和我们抽样的样本有关，在抽取的两个样本县中，沂蒙县为国家级重点扶贫县，农民家庭收入偏低反映了这一现实。

表 6－6　9 省（自治区）样本农户现金总收入情况

单位：元

年份	福建	广西	河南	辽宁	山东	四川	浙江	江西	湖南	平均
2003	18 958.2	9 404.7	32 981.7	14 700.1	5 787	11 830.5	29 180.3	19 911.9	12 185	17 215.5
2007	28 242.8	14 920.4	45 374.5	28 986.7	9 263.1	20 230.9	46 840.2	30 845	20 843.7	27 283
2008	33 306.4	17 149.7	48 410.9	34 315.5	10 703	21 341.3	54 336.5	30 176.9	23 695.1	30 381.7
2009	38 247.1	20 217.5	54 973.1	38 980.5	13 858.3	25 509.9	59 486.8	35 469.8	25 929.3	34 741.4

表 6－7 显示出 9 省（自治区）受访农户家庭收入来源结构情况，可以看出，非农收入始终占据农户家庭收入的比重最高，林产品次之，畜牧业收入处于第三位，农产品和其他收入也占据一定的比例，除此之外的各项收入比重很低，基本上反映了当前我国农村家庭收入的实际，说明我们调查的数据符合我国农村家庭收入的现实状况。

表 6－7　9 省（自治区）农户收入来源比重情况

单位：%

年份	林产品	农产品	畜牧产品	水产品	非农产业	耕地出让	林地出让	农业现金补贴	退耕还林	其他林业工程	其他
2003	18.1	7.7	11.9	0.22	57.1	0.11	0.02	0.22	0.516	0.47	1.68
2007	19.7	7.5	18.2	0.28	52.9	0.25	0.06	0.74	0.510	0.12	2.83
2008	19.1	7.0	14.2	0.37	53.9	0.28	0.08	0.66	0.567	0.16	3.35
2009	21.3	7.0	14.3	0.39	51.7	0.26	0.08	0.64	0.498	0.20	3.84

（2）结构分析。将调查表格中农户家庭收入来源的数据分省进行细

致分析，以便全面了解样本省农户家庭收入来源情况。表6~8数据显示，全国9省（自治区）受访农户家庭林业平均收入由2003年的4 180.7元上升到2009年的8 156.9元，年增长幅度超过10%。分省来看，河南、江西、浙江、山东四省农户家庭2009年林业收入超过了10 000元，河南省超过20 000元，家庭林业收入最低的是湖南省，其次是广西和四川，辽宁东和福建两省家庭林业收入处于中等水平，2009年均超过4 000元。

表6-8　9省（自然区）样本农户林业现金收入情况

单位：元

年份	福建	广西	河南	辽宁	山东	四川	浙江	江西	湖南	平均
2003	3 424.4	348.6	15 388.3	169.7	5 708.1	709.8	4 705.3	6 711.3	460.7	4 180.7
2007	4 913.8	731.9	19 850.3	2 611	7 656.8	1 480.4	6 614.8	10 587.2	607.5	6 117.0
2008	6 325.6	1 121.4	20 526.4	3 582.9	8 245.9	1 401	7 418.6	7 865.2	1 069.9	6 395.2
2009	6 605.1	1 835.1	24 134.9	4 030	10 191.8	2 173	10 746.2	12 758.1	938	8 156.9

进一步分析林业收入在家庭收入的总比重，从2003年开始，9省（自治区）受访农户家庭林业收入比重均高于15%，2009年达到20.7%，说明林业收入在农户家庭收入中比重增长速度比较缓慢，林业还没有成为农户家庭收入的主要来源。从各省情况看，河南、山东两省林业收入占家庭总收入比重大，均超过40%，这是因为两省农户家庭林业收入形态主要是林果业收入，林果业是受访农户的主要收入来源和农业生产经营对象；在江西省，林业收入占农户家庭收入比重基本稳定在30%以上，2008年因雪灾造成农户林业收入减少，相应林业收入比重也下降，福建省和浙江省林业收入占农户家庭收入比重维持在20%以下，尽管两省受访农户家庭林业收入绝对量不低，但是由于两省农户家庭总收入绝对量也大，这削弱了林业收入占总收入的比重。广西、四川、湖南、辽宁4省受访农户历年家庭林业收入占家庭收入比重低于10%，林业收入没有成为家庭收入的主渠道。

表 6-9　9 省（自治区）农户林业收入占总收入比重

单位：%

年份	福建	广西	河南	辽宁	山东	四川	浙江	江西	湖南	平均
2003	18.1	3.7	46.7	1.2	48.5	4.8	16.1	33.7	3.8	19.6
2007	17.4	4.9	43.7	9.0	44.5	8.2	14.1	34.3	2.9	19.9
2008	19.0	6.5	42.4	10.4	44.1	7.3	13.7	26.1	4.5	19.3
2009	17.3	9.1	43.9	10.3	41.1	7.2	18.1	36.0	3.6	20.7

另外，还对受访农户家庭的非林收入比重进行了统计分析，表 6-10 显示了农户农产品收入占家庭总收入比重分布，整体上看，农户农产品收入比重在家庭收入比重非常低，这印证了农户家庭农产品主要用于家庭自我消费的实际情况，农产品商品化率非常低，这与我国农村小农现状高度吻合，自给自足的农业生产模式仍然是我国多数农村家庭主要的生产方式。

表 6-10　9 省（自治区）农户农产品收入占总收入比重情况

单位：%

年份	福建	广西	河南	辽宁	山东	四川	浙江	江西	湖南	平均
2003	4.3	12.1	7.2	18.3	27.5	1.4	3.6	3.4	3.2	7.0
2007	3.6	12.0	7.1	18.0	22.5	0.8	4.5	4.5	3.3	7.2
2008	3.3	12.0	7.5	15.2	22.0	0.9	4.3	4.9	3.4	7.0
2009	3.0	10.6	7.0	14.8	19.3	0.9	4.0	5.2	3.8	6.7

表 6-11 和表 6-12 反映了受访农户畜牧和水产品收入占农户家庭收入的比重情况。整体上看，受访农户这两项收入占家庭总收入比重不高。在四川、山东和江西三省农户访谈过程中，观察到一些农户家庭小规模养殖长毛兔子、生猪和麻羊（黑山羊），在四川省观察到山区农民家庭承包集体水塘或水库养鱼，收入可观，且养殖的主要目的是作为商品销售给市场。山区农户家庭养殖业有比较大的潜力，充分利用南方优

质的草地、草坡资源以及北方林下资源发展畜牧养殖业可以成为农民家庭致富的重要途径，同样利用山区优质水资源养鱼，发展生态农庄和农家乐等形式的乡村旅游饮食娱乐业也有非常大的潜力。

表 6－11　9 省（自治区）农户畜牧产品收入占总收入比重情况

单位：%

年份	福建	广西	河南	辽宁	山东	四川	浙江	江西	湖南	平均
2003	2.0	26.4	14.0	20.2	6.8	12.3	4.0	2.9	22.1	10.8
2007	2.5	25.2	16.5	16.0	11.6	22.6	14.0	2.7	28.1	14.5
2008	2.2	25.7	15.2	16.4	12.2	18.7	12.7	3.2	26.4	13.7
2009	2.8	26.7	13.8	19.3	14.1	19.8	9.7	4.0	25.0	13.5

表 6－12　9 省（自治区）农户水产品收入占总收入比重情况

单位：%

年份	福建	广西	河南	辽宁	山东	四川	浙江	江西	湖南	平均
2003	0.000	0.000	0.768	0.201	0.000	0.397	0.000	0.002	0.614	0.261
2007	0.239	0.025	0.618	0.649	0.000	0.496	0.077	0.001	0.373	0.307
2008	0.247	0.024	1.224	0.661	0.000	0.714	0.088	0.005	0.333	0.434
2009	0.265	0.020	0.994	0.663	0.000	0.772	0.076	0.048	0.693	0.432

表 6－13 显示了 9 省（自治区）农户家庭非农业收入的情况。把非农业收入限定在外出非农务工收入。9 省（自治区）受访农户的非农收入比重每年都保持在 50%以上，说明非农收入是农户家庭收入的主要来源，也是推进农户家庭收入连年增长的主要因素。从各省（自治区）情况来看，福建省农户非农收入比重超过了 70%，这与沙县特殊情况有一定的关系，该县目前有 10 万农民在外从事沙县小吃业务，这些农户家庭收入主要靠经营小吃业务，顺昌县也有大量的农民在外打工或者开店经商。辽宁、山东、四川、江西、浙江和湖南农户外出打工经商收入比例也比较高，广西、河南两省比例比较低，河南省基本上都低于

30%，处于最低水平。

表 6-13　9 省（自治区）农户非农产业收入占总收入比重情况

单位：%

年份	福建	广西	河南	辽宁	山东	四川	浙江	江西	湖南	平均
2003	73.7	48.3	31.2	57.7	59.9	74.4	75.5	54.6	68.6	58.6
2007	72.9	49.2	27.8	53.9	57.1	64.4	66.4	52.7	57.6	54.5
2008	72.3	46.9	28.5	53.4	58.8	67.8	68.0	58.8	56.0	55.9
2009	72.8	46.3	29.4	51.0	60.5	62.6	66.9	48.0	54.5	53.9

表 6-14 中反映了受访农户耕地流转收入。在调查中发展，有耕地流转收入的农户主要是公共设施建设中征占用耕地的补偿收入，纯粹流转的耕地情况还非常少见。整体上看，耕地流转在农户家庭总收入中的比重很低，可能的原因是：一是山区农户家庭分到的农地面积很少，如四川省、江西省、广西等，农户不可能流转耕地；二是即使在有的地方农户家庭耕地面积比较大，如河南、山东等平原地区，农户发展林果业经济效益高，不愿意出让耕地；三是有的农户家庭耕地面积大，但是即使将农地流转给他人耕种，但面对比较普遍的耕地抛荒困境，要收流转费用已经非常困难。

表 6-14　9 省（自治区）农户耕地出让收入占总收入比重情况

单位：%

年份	福建	广西	河南	辽宁	山东	四川	浙江	江西	湖南	平均
2003	0.411	0.012	0.000	0.000	0.000	0.498	0.053	0.037	0.012	0.105
2007	0.458	0.008	0.000	0.669	0.032	0.291	0.075	0.024	0.715	0.235
2008	0.410	0.330	0.000	0.578	0.052	0.276	0.097	0.024	0.804	0.258
2009	0.498	0.006	0.000	0.546	0.040	0.257	0.104	0.021	0.870	0.246

表 6-15 中的数据给了一个比较明显的信息，9 省（自治区）受访农户家庭现金总收入中，林地出让（流转）收入所占比例很低，2003—2009 年平均比重都低于 0.1%，而福建、广西、河南、山东等四省（自治区）农户家庭几乎没有发生过林地流转收入，其中的重要原因是广

西、河南和山东三省林权制度改革在2009年前后才开始，农户家庭水平的流转实际上还没有开展起来，但是，福建的数据可以得出这样一个信息，尽管福建省林权制度改革走在全国前列，但是农户水平的流转情况如此之低，或与福建省林权制度改革不够彻底有关系，因为福建省多数地方的集体林权并没有落实到农户家庭而只落实到村或村组水平，而且福建省在20世纪80年代的林业“三定”时期大约只把全部集体林地的20%多承包到户，在改革后的近20多年中，福建省各地的村集体组织已经通过拍卖、流转、个私造林、合作造林等各种途径，把大部分的集体林地流转给林地经营大户经营。即使剩下少部分山林没有流转出去，也是因为林地条件差而无人经营。以致到了新集体林改实施时，很多村庄已经基本无林可改了，也就无林地可流转了。因此，严格意义上的农户流转水平不高是符合逻辑的。从统计数据看，浙江省农户流转收益也很低，这或许是因为浙江省大规模林地流转在2003年前已经基本结束，江西省2008—2009年农户林地流转收益有上升趋势，这在一定程度上反映了江西林权制度改革后林地流转加速的基本事实，但是流转广度并不高，这或与我们所访问的农户家庭所处遂川和铜鼓县深山区等地理因素有关系。

表6-15　9省（自治区）农户林地出让收入占总收入比重情况

单位：%

年份	福建	广西	河南	辽宁	山东	四川	浙江	江西	湖南	平均
2003	0.000	0.000	0.007	0.093	0.000	0.013	0.019	0.003	0.018	0.017
2007	0.000	0.000	0.000	0.003	0.000	0.042	0.020	0.013	0.442	0.047
2008	0.000	0.000	0.000	0.004	0.000	0.040	0.047	0.075	0.579	0.072
2009	0.000	0.000	0.000	0.004	0.000	0.034	0.103	0.064	0.529	0.074

表6-16反映了受访农户农业补贴收入情况。近年来，国家实行了农业的农机、良种以及综合补贴政策，农民得到了实惠。从9省（自治区）情况来看，农户家庭农业补贴占家庭收入比重还很小，平均不到1%，在有的地方高一点，如四川、辽宁、山东。一般来说，

耕地面积少的地方，农业补贴总量相对也少，耕地面积多、农户家庭收入总量少的地方，农业补贴占家庭收入比重也要高一些。农业补贴占农户家庭收入比重过低的现状，不能不让人们思考一个问题：现行国家农业补贴政策对促进农民种粮积极性、提高农民家庭收入水平到底有多大的效果?

表 6-16　9 省（自治区）农户农业现金补贴收入占总收入比重情况

单位:%

年份	福建	广西	河南	辽宁	山东	四川	浙江	江西	湖南	平均
2003	0.23	0.11	0.00	0.02	0.09	0.24	0.02	0.22	1.17	0.18
2007	0.54	0.16	0.55	1.25	3.82	1.08	0.13	0.74	0.07	0.68
2008	0.68	0.16	0.64	1.26	2.12	1.29	0.16	0.45	0.08	0.64
2009	0.70	0.15	0.68	1.27	1.74	1.22	0.16	0.42	0.18	0.64

同农业补贴政策一样，退耕还林工程收入在农户家庭总收入中的比重也很低，9 省平均比重低于 0.6%（表 6-17）。从区域来看，广西、四川、江西等山区地带，农户从退耕还林工程中得到的收入比重超过了 1%，但是山东、河南等地工程收入占家庭收入比重微乎其微。这也说明，在平原地区实施退耕还林工程的农户增收效益非常不明显。表 6-18 则显示了其他林业工程对增加农民家庭收入的作用，整体上看，林业工程在农户家庭收入中的作用也不明显。

表 6-17　9 省（自治区）农户退耕还林收入占总收入比重情况

单位:%

年份	福建	广西	河南	辽宁	山东	四川	浙江	江西	湖南	平均
2003	0.000	3.441	0.143	1.121	0.003	0.077	0.000	1.277	0.000	0.516
2007	0.000	2.888	0.094	0.300	0.003	1.742	0.000	1.078	0.028	0.510
2008	0.000	2.846	0.097	0.489	0.001	2.319	0.000	1.138	0.041	0.567
2009	0.000	2.162	0.086	0.438	0.000	1.997	0.000	1.076	0.041	0.498

表 6-18 9省（自治区）农户其他林业工程收入占总收入比重情况

单位:%

年份	福建	广西	河南	辽宁	山东	四川	浙江	江西	湖南	平均
2003	0.05	0.12	0.00	1.10	0.00	4.38	0.00	0.17	0.00	0.47
2007	0.52	0.20	0.00	0.01	0.00	0.11	0.04	0.20	0.02	0.12
2008	0.44	0.22	0.00	0.01	0.00	0.17	0.20	0.31	0.02	0.16
2009	0.62	0.21	0.03	0.01	0.07	0.16	0.23	0.39	0.04	0.20

表 6-19 显示了农户家庭其他收入的情况。所谓其他收入主要是指农户家庭的利息、接受捐赠、各种政府补贴，如地震灾害、冰冻灾害等政府给予的各种救济、抚恤等。整体上看，其他收入占家庭收入比重要高于各项林业工程收入的比重。

表 6-19 9省（自治区）农户其他收入占总收入比重情况

单位:%

年份	福建	广西	河南	辽宁	山东	四川	浙江	江西	湖南	平均
2003	1.29	5.81	0.00	0.09	5.15	0.38	0.75	3.70	0.58	1.40
2007	1.93	5.42	3.57	0.18	4.53	1.08	0.62	3.81	6.47	2.64
2008	1.45	5.23	4.42	1.61	4.46	1.16	0.73	5.06	7.92	3.14
2009	2.07	4.76	4.07	1.55	3.84	3.74	0.68	4.81	10.74	3.51

6.2.2.2 全国9省（自治区）受访农户家庭支出特征

（1）样本省（自治区）农户家庭消费总支出情况

表 6-20 列出了农户家庭年消费总支出金额，农户家庭消费支出呈现逐年增加的趋势，其中以浙江、河南两省农户消费支出水平最高，广西则处于最低水平。其余地区水平相当。

表 6-20 9省（自治区）农户现金消费总支出情况

单位:%

年份	福建	广西	河南	辽宁	山东	四川	浙江	江西	湖南	平均
2003	12 838.9	7 252.4	16 623.2	12 653.8	11 594.3	11 968.9	20 390.6	19 236.7	9 449.4	13 556.5
2007	17 874.4	12 146.1	25 898.1	23 556.2	16 710.0	15 692.9	35 108.9	15 805.3	15 771.2	19 840.3
2008	19807.8	12 590.4	28 532.8	25 909.6	18 544.1	19 785.4	35 012.9	17 541.5	17 535.5	21 695.6
2009	23157.5	14 676.3	33 265.4	26 879.0	21092.7	23 565.2	40 638.2	20 584.5	21 412.1	25 030.1

(2) 样本省（自治区）农户家庭消费总支出结构分析

表 6 - 21 列出了 9 个样本省（自治区）受访农户家庭消费支出占年收入比例。我们可以发现，在农户年家庭消费支出中，生活性支出基本占据了农户家庭总收入的 45%以上，也就是说，农户家庭收入中的接近一半要用于生活性消费支出，农户收入中的大部分用于维持基本的生活需求。除四川省外，其余省（自治区）生产性支出比重均低于 32%，其中又以江西最低，生产性支出比重不足 10%。

表 6 - 21　9 省（自治区）农户生产性支出和生活性支出占总收入比重情况

单位：%

年份	福建		广西		河南		辽宁		山东		四川		浙江		江西		湖南	
	生产	生活	生产	生活	生产	生活	生产	生活	生产	生活	生产	生活	生产	生活	生产	生活	生产	生活
2003	16.4	51.3	17.6	59.5	22.9	27.5	22.5	63.6	28.2	70.3	36.9	64.3	8.6	61.3	5.6	91.0	14.9	62.6
2007	14.5	48.8	25.5	55.9	28.5	28.6	23.8	57.4	29.6	67.6	24.9	52.7	16.5	58.5	5.1	46.2	19.3	56.3
2008	13.4	46.1	18.3	55.1	27.8	31.2	27.8	47.7	29.5	69.7	31.8	60.9	14.3	50.2	5.9	52.3	16.2	57.8
2009	13.7	46.8	17.0	55.6	28.2	32.3	17.0	51.9	26.8	58.2	32.5	59.9	15.0	53.3	8.5	49.6	19.2	63.3

为了进一步了解农户家庭生产性和消费性支出占家庭年总支出的比重，将调查获取的农户家庭支出数据列出了表 6 - 22，可以看到，生活性支出占据了家庭总支出的比重超过 50%，多数省超过 65%，最高的地区超过 70%，如福建、浙江和江西。尽管没有进一步细分农户家庭消费性开支中食品消费性开支占据的比重，但是从实地了解到，农户家庭食品性开支绝对量并不大，主要开支项目集中在医疗、做房屋、请客送礼、教育等支出。相比而言，生产性支出在整个家庭年支出中比重比较低，尤其是在江西、广西、湖南和福建等省（自治区）的山区，相比而言，山东、河南等省的平原地区，农户用于生产性开支比重都比较高，四川省的情况也比较特殊，尽管是山区，但是农户生产性开支维持在一个比较大的比重，其中的原因值得进一步研究。

表 6-22 9 省（自治区）农户农业生产性支出和生活性支出占总支出比重情况

单位：%

年份	福建		广西		河南		辽宁		山东		四川		浙江		江西		湖南	
	生产	生活	生产	生活	生产	生活	生产	生活	生产	生活	生产	生活	生产	生活	生产	生活	生产	生活
2003	16.4	51.3	17.6	59.5	22.9	27.5	22.5	63.6	28.2	70.3	36.9	64.3	8.6	61.3	5.6	91.0	14.9	62.6
2007	14.5	48.8	25.5	55.9	28.5	28.6	23.8	57.4	29.6	67.6	24.9	52.7	16.5	58.5	5.1	46.2	19.3	56.3
2008	13.4	46.1	18.3	55.1	27.8	31.2	27.8	47.7	29.5	69.7	31.8	60.9	14.3	50.2	5.9	52.3	16.2	57.8
2009	13.7	46.8	17.0	55.6	28.2	32.3	17.0	51.9	26.8	58.2	32.5	59.9	15.0	53.3	8.5	49.6	19.2	63.3

（3）林业生产性支出分析

表 6-23 列出了样本省（自治区）受访农户家庭生产性支出中林业生产资金量，统计表明，农户家庭投入林业的资金总量不高，平均年投入资金低于 2 200 元，但是增长趋势明显，说明农户投入林业的积极性在不断上升。分省来看，河南、山东和浙江等省农户投入林业的资金量相对较大，又以河南省农户投入量最大，这可能和该省农户林业生产以果业为主有很大的关系。广西、湖南、四川和江西等省（自治区）农户投入林业的资金规模小。

表 6-23 9 省（自治区）农户家庭林业投入情况

单位：元

年份	福建	广西	河南	辽宁	山东	四川	浙江	江西	湖南	平均
2003	611.8	107.74	4 995.2	384.7	1 452.51	565.5	1 430.34	391.94	73.72	1 112.61
2007	983.8	122.23	6 152.1	1 702.83	1 866.48	735.49	2 089.43	616.51	214.52	1 609.27
2008	945.2	152.53	6 972.5	1 670.93	2 145.77	737.56	2 228.55	902.89	431.23	1 789.57
2009	1353	184.96	8 188.5	1 814.06	2 297.92	925.17	2 969.84	1 027.39	639.96	2 155.64

表 6-24　9 省（自治区）农户家庭林业投入占总收入比重情况

单位：%

年份	福建	广西	河南	辽宁	山东	四川	浙江	江西	湖南	平均
2003	3.2	1.1	15.1	2.6	12.3	4.8	4.9	2.0	0.6	6.6
2007	3.5	0.8	13.6	5.9	10.8	3.6	4.5	2.0	1.0	6.1
2008	2.8	0.9	14.4	4.9	11.4	3.5	4.1	3.0	1.8	6.2
2009	3.5	0.9	14.9	4.7	9.2	3.6	5.0	2.9	2.5	6.1

农户从收入中用于林业生产投入情况十分不理想，表 6-24 中的数据显示，9 个省（自治区）受访农户从家庭收入中用于林业投资的比例维持在 6%左右，也就是说，农民的林业收入比重低，同样用于林业的投资比重也很低，进一步说明林业生产在农户家庭经济中的弱势地位。分省来看，山东和河南两省的比例最高，而广西、湖南和江西 3 省（自治区）的比例都没有突破 3%。

6.3　林权制度改革后地方政府利益格局变化及其对林地联合经营的政策和态度分析——来自江西的案例分析

6.3.1　影响地方政府及其林业部门利益关系的主要政策

集体林权制度改革是一种由政府引导、群众参与的制度变迁过程，运用行政和经济两种手段调动地方政府和群众参与的积极性是本次集体林权制度改革的一个重要特征。为了推进集体林权制度改革，江西省在法定权限范围内，对原有林业经济政策进行大幅度改革，制定的主要激励措施主要包括以下几点：一是改革资源流转收益分配政策。根据《中共江西省委、江西省人民政府关于深化林业产权制度改革的意见》（赣发〔2004〕19 号）文件，集体林区林权采取有偿转让经营。可将现有山林评估作价，通过公开招标租赁、拍卖等方式转让给集体经济组织内部成员，或内部自由组合，联户承包，或其他社会经营主体承包。转让费按年计收。对家庭承包经营的责任山不再收取任何形式的费用。二是取消农业特产税。根据《关于取消除烟叶外的农业特产税有关问题的通知》（赣财农税〔2004〕19 号）文件，取消木竹农业特产税，自 2004

年1月1日起执行。三是规范增值税、所得税征收范围。从事木竹生产的单位和个人自产自销的原木、原竹取得的收入，依法免征增值税，暂免征收所得税。四是调整育林基金平均计费价格。将定向培育的工业原料林和10厘米以下间伐材计费价格调整为180元/立方米，商品木材育林基金计费价格分三档计征：10～14厘米商品材计费价格为300元；16～20厘米的商品材计费价格为360元；22厘米以上的商品材计费价格为400元，其中：20厘米以上（含20厘米）的阔叶树（杂木）计费价格为450元；标准竹每根征收育林基金1元，小于标准竹的竹材按每1寸0.1元计算。调整集体林育林基金分成比例。省、市共让利7%，全部补助给乡镇，即省、市、县（市、区）、乡（镇）四级分成比例为8%：15%：70%：7%。自2004年9月15日起执行。五是取消市、县、乡、村出台的所有木竹收费项目。根据《关于取消涉林违规收费和调整育林基金分成比例等有关问题的通知》（赣财综［2004］80号）规定，除保留经国家和省批准的育林基金、森林植物检疫费、林权勘测费、林权证工本费、林木采伐许可证和木材运输证工本费外，其他未经国家和省批准的对木竹的所有收费一律取消，自2004年9月15日起执行。根据《财政部、国家发展改革委员会关于公布取消103项行政审批等收费项目的通知》（财综［2004］87号）规定，自2005年1月1日起，取消林木采伐许可证和木材运输证工本费收费项目。

6.3.2 集体林权制度改革对县级财政收支影响分析

（1）林业税费制度改革与县级财政性收入变化

减免林业税费，是林权制度改革中一项十分重要的配套政策，其直接目的是为了提高农民林业收入。实践证明，减轻税费后农民获得了比过去更多的经济收入。众所周知，林业税是农业税的重要组成部分，林业收费则是政府开征的专项基金和收费项目。在南方集体林区，林业税收是林区地方政府财政收入的来源之一，林业收费则是地方政府和林业部门非税收入的重要组成部分。在一些林业大县，林业税收和收费收入曾一度是地方政府财政收入的主要来源之一，在平衡财政预算和维护林业机构运行中发挥着重要的调节作用。为了论证林业税费制度改革对林区地方政府财政收入的影响程度，对江西省赣州市 18 个县（区）和 1 个市辖国有林场林权制度改革后林业税收和收费减少情况进行了调查，现将调查结果统计于表 6－25。

表 6－25　江西省赣州市林权制度改革后县级财政收入减少统计

单位：万元

单位	减收因子						
	小计	农业税	市以下收费	育林费	增值税	所得税	其他
合计	9 905.7	2 922.4	2 771.1	2 687.0	492.4	233.9	798.9
章贡区	0.9	—	—	0.9	—	—	—
赣 县	253.0	100.0	—	85.0	48.0	—	20.0
南康市	30.0	—	—	30.0	—	—	—
信丰县	468.0	158.2	27.5	256.0	—	—	26.3
大余县	427.7	271.6	29.4	36.9	10.0	—	79.8
上犹县	681.7	294.3	120.0	196.6	58.8	12.0	—
崇义县	3 072.0	810.0	1 050.0	434.0	113.0	79.0	586.0
安远县	498.9	188.7	20.2	239.2	20.0	—	30.8
龙南县	364.0	68.0	168.0	57.0	19.0	27.0	25.0
定南县	597.9	250.4	—	284.5	27.0	36.0	—
全南县	1 086.0	169.0	792.0	94.0	19.0	12.0	—
宁都县	537.4	202.3	—	217.8	97.3	20.0	—
于都县	203.0	117.0	—	84.0	2.0	—	—
兴国县	36.0	—	—	36.0	—	—	—
瑞金市	736.0	120.0	472.0	144.0	—	—	—
会昌县	307.0	61.0	—	236.0	10.0	—	—
寻乌县	130.2	10.9	—	74.1	29.4	15.9	—
石城县	330.0	79.0	92.0	88.0	39.0	32.0	—
犹江林场	146.0	22.0	—	93.0	—	—	31.0

注：①表中数据统计时间为 2005 年 10 月；②表中数据由赣州市林业局提供。下同。

从表 6－25 统计数据可以发现，林权制度改革后，县级财政性收入减少的重要因素是农业税收的取消，赣州市年农业税收减少 2 922.4 万元。取消农业税是中央一项重要的惠农政策，林业是大农业的组成部分，林业税收也随着农业税的取消而自动取消。从政策来源来看，取消农业税收并不是林权制度改革的内容，所以林业税收减少不是林权制度改革的直接效应。林权制度改革后，林业增值税收和所得税有一定幅度的减少，但是税收减少的绝对量并不大，这主要是由于增值税和所得税是中央和地方公享税，且增值税总量相对较小，增值税收和所得税的减免对县级公共收入影响并不显著。此外，有关林业增值税和所得税减免政策出台时间早于林权制度改革，此前这项减免政策在各地实际实施效果并不好，很多地方并没有按照中央要求执行林业增值税和所得税减免政策，林权制度改革后，此项政策得到了落实。因此，税收减免政策不是林权制度改革政策的内容，税收减免公共收入减少的负向效应与林权制度改革本身没有直接关系。

林权制度改革对林业公共收入影响直接来源于林业收费政策的调整。就江西省赣州市而言，林权制度改革后，全市育林基金收入减少2 687万元，林业收费减少 2 771.1 万元，两项合计减收 5 458.1 万元，占减收总量的 55%以上。就县区之间比较来看，林业大县和林业重点县在林权制度改革中收入减少最为显著。例如，崇义县和全南县是江西省林业重点县，也是全省林业资源大县，林权制度改革使两个县每年的林业收费分别减少了 1 484 万元和 886 万元。

（2）林权制度改革对县级财政性支出影响

在推进集体林权改革过程中，江西省同时推出了林业机构配套改革方案，其中最重要的改革措施是将长期依靠林业收费供养的县、乡两级林业事业单位的人员费用和日常运行费用全部纳入县级财政预算范围，试图解决因取消林业收费项目后林业事业经费来源问题，保证林业管理工作正常运行。从形式上看，林业事业单位纳入财政预算范围扩大了县级财政支出数量。实际上，财政支出范围的扩大远不局限于此。从各地情况来看，集体林权制度改革对县域内的整个林业系统改革产生了直接影响，迫使地方政府加快推进国有林业单位的体制改革，以适应林权制度改革的整体要求。在中国，地方政府是稳定和发展行政辖区社会经济的主要责任承担者，国有林业单位改革成本也当然地成为地方财政一项重要的职责。为了反映林权制度改革过程中，江西赣州市各县级政府财政承担的改革成本，将江西省赣州市林权制度改革后财政增支情况调查数据统计于表 6－26。

表 6－26　林权制度改革后江西省赣州市县级财政增支情况

单位：万元

单位	小计	财政增支Ⅰ[①]	财政增支Ⅱ[②]				其他
			小计	置换职工身份	职工社保	职工医保	
合计	23 792.5	3 825.7	17 668.5	10 406.4	54 15.9	814.0	2 313.6
章贡区	608.0	—	603.0	100.0	480.0	23.0	5.0
赣 县	766.0	110.0	480.0	140.0	200.0	140.0	176.0
南康市	2 865.6	75.6	1 964.0	485.0	435.0	100.0	1 770
信丰县	1 810.0	281.0	1 429.0	200.0	1 229.0		100.0
大余县	2 310.5	150.0	2 102.5	1 439.6	458.2	204.7	58.0
上犹县	676.6	204.6	472.0	225.0	185.0	62.0	—
崇义县	543.0	543.0	—	—	—	—	—
安远县	941.6	279.6	662.0	212.0	450.0	—	—
龙南县	1 982.0	241.0	1 701.0	1 431.0	210.0	60.0	40.0
定南县	1 142.0	295.0	817.0	680.0	81.0	56.0	30.0
全南县	2 554.0	514.0	2 040.0	1 956.0	72.0	12.0	—
宁都县	2 867.5	280.5	2 005.8	1 045.8	960.0	—	581.2
于都县	374.0	93.0	201.0	135.0	38.0	28.0	80.0
兴国县	86.5	68.3	0.0	—	—	—	18.2
瑞金市	1 519.0	306.0	1 213.0	1 080.0	96.0	37.0	—
会昌县	46.0	46.0	0.0	—	—	—	—
寻乌县	1 300.2	282.0	1 018.2	842.0	134.7	26.3	15.2
石城县	1 147.0	56.0	735.0	338.0	286.0	38.0	429.0
犹江林场	253.0	—	225.0	97.0	101.0	27.0	28.0

注：①财政预算增支Ⅰ为林业行政事业人员纳入财政预算后的额外支出；②财政预算增支Ⅱ为林业企业改制过程中财政预算额外支出。

表 6－26 统计数据可以看出，林权制度改革后，由于林业行政事业单位纳入财政预算，致使全市县级财政年增加支出达到 3 825.7 万元，且林业重点县和林业大县财政增加支出数量较大。例如，瑞金、崇义、

全南等县财政年增加支出达到300万元以上。集体林权制度改革的同时，国有林场改革也随之全面推动，各县均参照集体林权制度改革模式，将森林资源经营权也分配给职工，并采用买断等方式转换身份来安置林场和林业企业职工，其中大部分转换成本由政府承担，增加了地方财政压力。江西省赣州市为了顺利推进林业企业体制转换，县级财政支出总和达到17 668.5万元。其中，支持职工身份转换资金支出达到10 406.4万元，社会保险和医疗保险支出达到6 229.9万元。

（3）林业税费改革后县级财政性收支结构变化分析

如上所述，江西省林权制度改革后所实施的取消林业税收、调整和取消林业收费制度对赣州市地方政府财政收支平衡带来了巨大压力。一方面，取消地方非规范林业收费项目大幅度减少了县级财政非税收入，导致财政收入总量减少，另一方面，林业事业单位人员经费由预算外转入预算内，增加了县级财政支出数量，林业企业改革成本向地方政府财政转嫁也增加了地方财政一次性支出数量。为了定量分析赣州市全面实行“两取消、一规范”的林业税费政策对县级财政收支结构的影响，笔者将表6－25和表6－26中的数据进行二次整理于表6－27。

表6－27中的数据显示，林权制度改革过程中，江西省赣州市18个县（区）和1个市辖国有林场财政收支缺口总额达到33 698.2万元。从缺口来源看，林业财政性收入减少的贡献率为29%，财政性支出增加的贡献率为71%。这一数据说明，县级财政政策性支出增加是导致地方财政压力加大的主要因素，而林业收入的减少对地方财政支出压力相对比较小。从减少因素角度分析，林业收费减少对地方财政收入减少的贡献率为55.1%，林业税收减少的贡献率为37%，其他因素的贡献率为8%，说明林业收费的减少是地方财政性收入减少的主要原因。从县域水平上看，江西赣州市19个县级单位财政减收效应因素的贡献率差异比较大，其中林业收费减少对财政减收贡献率高于全市平均水平的有章贡区、南康、信丰、龙南、全南、瑞金、会昌、寻乌、石城和犹江林场等10个单位，其中又以全南县、瑞金两个县（市）最为典型，因取消和调整林业收费给地方财政性收入减少的贡献率均超过80%。从

表 6-27　林权制度改革后江西省赣州市县级财政收支缺口情况

单位：万元，%

单位	减少收入						增加开支	资金缺口
	小计	税收减少	比例	收费减少	比例	其他		
合计	9 905.7	3 648.7	36.83	5 458.1	55.10	798.9	23 792.5	33 698.2
章贡区	0.9	—	—	0.9	100	—	608.0	608.9
赣　县	253.0	148.0	58.50	85.0	33.60	20.0	766.0	1 019.0
南康市	30.0	—	—	30.0	100	—	2 865.6	2 895.6
信丰县	468.0	158.2	33.80	283.5	60.58	26.3	1 810.0	2 278.0
大余县	427.7	281.6	65.84	66.3	15.50	79.8	2 310.5	2 738.2
上犹县	681.7	365.1	53.56	316.6	46.44	—	676.6	1 358.3
崇义县	3 072.0	1 002.0	32.62	1 484.0	48.31	586.0	543.0	3 615.0
安远县	498.9	208.7	41.83	259.4	51.99	30.8	941.6	1 440.5
龙南县	364.0	114.0	31.32	225.0	61.81	25.0	1 982.0	2 346.0
定南县	597.9	313.4	52.42	284.5	47.58	—	1 142.0	1 739.9
全南县	1 086.0	200.0	18.42	886.0	81.58	—	2 554.0	3 640.0
宁都县	537.4	319.6	59.47	217.8	40.53	—	2 867.5	3 404.9
于都县	203.0	119.0	58.62	84.0	41.38	—	374.0	577.0
兴国县	36.0	—	—	36.0	100	—	86.5	122.5
瑞金市	736.0	120.0	16.30	616.0	83.70	—	1 519.0	2 255.0
会昌县	307.0	71.0	23.13	236.0	76.87	—	46.0	353.0
寻乌县	130.2	56.2	43.16	74.0	56.84	—	1 300.2	1 430.4
石城县	330.0	150.0	45.45	180.0	54.55	—	1 147.0	1 477.0
犹江林场	146.0	22.0	15.07	124.0	84.93	31.0	253.0	399.0

注：表 6-27 中数据由表 6-25 和表 6-26 数据整合而来。

财政支出情况看，赣州市 19 个县级单位的财政增加支出超过 1 000 万元的县（市）有南康、信丰、大余、龙南、定南、全南 、宁都、瑞金、寻乌和石城等，其中以全南、宁都和南康 3 县（市）财政增支量最大，均超过 2 500 万元。从财政总缺口数量来看，因林权制度改革引起的财政缺口数量惊人，年度缺口超过 2 000 万元的县（市）有 8 个，分别是南康、信丰、大余、崇义、龙南、全南、宁都、瑞金等，其中缺口超过 3 000 万的县（市）是崇义（3 615 万元）、全南（3 640 万元）、宁都（3 404.9 万元），均为江西省山区林业大县。

6.3.3 林权制度改革对地方政府利益格局变化及地方治理的影响

6.3.3.1 林业税费减免与政府间成本分担

减免林业税费为推动集体林权制度改革提供了良好的经济政策环境，涉林税费减免在相当程度上减少了地方政府财政性收入。其中，税收减免对财政收入减少的效应相对较小，来自上级财政转移支付能在一定程度上降低林业税收减免的消极效应。从政策来源看，林业税收减免政策是为林权制度改革提供了一个十分重要的政策环境，但是税收减免却不是林权制度改革政策本身组成部分。因此，林权制度改革制度对林业税收效应非常有限。

林权制度改革的财政性效应主要来自林业收费制度的变化，林业收费分配比例的调整和规范化整顿对县级及乡镇财政性收入影响比较大，其中，对非林区县财政收入影响相对较小，对传统的林业大县的财政收入影响尤为显著。

长期以来，林业收费制度被认为是导致林业负担过重的直接根源，是导致林业主体生产积极性不高，集体林业经营活力不够的制约因素。因此，在新的一轮林权制度改革推进过程中，人们试图取消林业收费制度，并通过将林业事业性机构人员及其经费纳入本级财政预算支出范围的努力，为最终取消林业收费制度铺平道路。笔者认为，人们需要从历史背景和现实需要两个时空上客观评价林业收费制度。在计划经济时期，国家财力非常有限，对林业“重取轻予”，林业长期扮演着积聚财力角色，各级林业行政和企事业单位很难获得足够的国家财政预算资金支持，林业收费制度成为林业经费的重要来源，保持着林业机构的正常运行。自 1994 年分税制改革后，中央对省级以下政府财权和财权相对应的整个事权并没有进行相应的改革，导致省以下各级政府不断上收财权、下放事权。相应，林业行政事业管理也出现了事权与财权严重失衡的现象，县级财政对林业行政事业性预算严重不足，林业事业运行经费严重地依赖林业收费，林业收费成为平衡县级财政预算的重要经费来源，林业收费征收不规范、使用不合理、监督管理不到位现象因此也日益明显。更为严重的是，随着林业事务的增加和管理机构的扩张，行政事业经费开支大幅度上升，正常的林业收费难以维持，县乡两级财政压力巨大。为了缓解压力，县级政府出台了名目繁多的林业收费项目，设区市政府相应也增设了部分林业收费项目，这些收费多数既没有法律依据也没有政策依据，从严格意义上说是违法收费。然而，县级政府设立的地方林业收费是地方政府基础治理能力和公共管理职能的现实需要，有其现实的合理性和必要性。从各地实际情况来看，正是林业收费维持了县、乡林业管理机构的正常运行，有效地缓解了拮据的财政状况。

林权制度改革过程中，取消地方政府和村集体设立的各项林业收费项目，调低育林基金计费价格，增加育林基金县级分配比例，用以弥补村级收入减少部分。从表面上看，调整后的林业收费制度改善了育林基金分配结构，加快了林业收费制度法制化建设，同时，江西省将各级林业行政事业机构纳入本级财政预算范围，使林业部门的经费有了固定的保障，林业机构从形式上摆脱了“自己养活自己”的传统模式。然而，笔者通过调查发现，林业收费制度改革以后，县级林业行政事业单位经费表面上是由财政承担，但是资金实质上仍然来源于林业收费收入，财政并没有额外增加开支。相反，在一些贫困山区县，由于县级财力非常薄弱，政府借助林权制度改革林业“进财政”这一机会，将林业收费上收到本级财政，进一步强化了林业收费收入平衡财政的作用，林业部门基本上丧失了支配林业收费资金的调控权，林业部门依靠财政预算有限的资金维持着机构运行，而日常庞杂事务性开支，例如接待频繁的上级检查、考评费用以及林权制度改革中发生的巨大费用都没有稳定的资金来源。在县级财政拮据的情况下，林业工作站、检查站、森防站和技术推广站建设也失去了稳定的经费保障，林业扩大再生产所需要的基本建设投资出现体制性“断奶”。此外，基层林业部门还要承担由上级林业部门转嫁的政策性成本，例如江西省规定取消林木采伐证收费、木材运输证和免除林权证收费（政府规定可以收费，但是省级林业部门为了推进林权制度改革，要求基层林业部门不收费），但是这种成本并没有因此而消灭，各种证照成本绝大部分由县级林业管理部门承担，基层林业机构的负担不断加重。

在林区的乡镇层面，林权制度改革后，取消地方性林业收费极大地减少了乡镇林业行政事业性收费收入。在林权制度改革之前，乡镇林业收入主要来自地方政府自行制定的林业收费项目，在林业比重大的乡镇，林业收费收入即是本级财政收入的重要来源。取消林业收费项目后，代之以固定的财政性转移支付补助和7%的育林基金收入分成，难以弥补制度变迁给乡镇政府财政的减收损失。由于没有经济利益，乡镇政府对林业工作的重视程度急剧下降，对林业行政管理部门工作的配合程度也发生了微妙变化。这在相当程度上削弱了林业行政执法效果和育林营林事业的正常开展。

在林区的村级层面，集体林业的分权改革和取消林业收费直接影响村集体经济组织公共服务能力和村级党政领导的工作热情，影响着林区的乡村治理面貌。过去，林区村集体可以通过转让林地经营权、出售林木采伐权和林木所有权获得经济收入，还可以通过收取一定量的林业管理费用用以维持必要的村级开支，维系村级管理服务工作和村级公共产品的低水平供给。集体林权制度改革开始后，村集体失去了林地经营权和林木处分权，相应的林业管理费收取权也随之上收；从20世纪90年代开始，江西省集体山林经营权已经陆续落实到农户，有的农户林地还通过不同形式流转给了国有林场、林业企业或者民营经济主体，属于集体经营可供租赁、拍卖的林地资源面积并不多，即使有一些林地，村民都要求重新无偿分配，村集体无法对外租赁和拍卖。按照江西省关于资源流转分配政策规定，村集体对于那些已经明确了承包关系的山林不得收取任何费用。因此，村集体从林业上获取经济收入的渠道实际上已经被堵死。为了缓解集体林权制度改革对村集体经济的影响，江西省财政每年给予每个行政村以1万元的转移性补贴。显然，这一补贴对于山区林业大村来说是微不足道的，远不能满足乡村公共服务和公共产品供给需求。笔者认为，从制度上否定集体经济组织在集体林业经营收益分配权的做法，实际上是政府对集体经济组织参与经营集体林业能力的彻底否定。尽管取消村级林业收费权力是基于国家规范治理的政治理念，是乡村治理中的村民民主建设过程中的进步形式，这一做法却没有对林区众多村庄千差万别的乡村治理传统和现实需求予以具体回应。通过“一刀切”的传统治理线路，解除集体林业经济组织的行政性管理取而代之以农户和农民的自我治理，是否有利于改善林区乡村治理环境，提升乡村治理的管理水平，仍然是一个让人担心的问题。

前述分析表明，江西集体林权制度改革过程中所产生的政策性成本是巨大的，这些成本有显性的也有隐性的，且成本在政府间分担上呈现主体不断下移的现象。从显性成本上看，省级政府似乎承担了法定林业收费项目减免后所带来的地方林业行政事业收费较少的部分，通过财政转移支付方式弥补（税收减免不能计算在林权制度改革成本之中），省级林业部门承担了育林基金分成比例减少的成本，中央财政也承担了林权制度改革的部分工作成本。但是总体上看，相对于其自身的财力而言，中央和省级政府及其林业行政管理部门所承担的成本是不高的。按照既得利益合理性原则，可以将地方政府规定的林业收费视为既得利益，那么，集体林权制度改革所产生的显性成本（取消地方林业收费项目、规范收费计算价格以及林权制度改革中发生的费用等）主要是由县、乡两级政府和林业行政事业管理部门承担。从显性成本结构来看，法定林业收费收入的减少量主要来自收费计价标准的调低，但是由于在育林基金纵向分配比例调整中，县级分配份额比重增加，增加量基本上可以抵消计价调整给县级育林基金收入的损失。因此，法定育林基金政策的调整并没有给县级林业收费总量造成显著影响。相对于法定林业收费政策的调整效应，地方性林业收费项目的取消是导致县级及以下政府部门收费收入减少的主要因素。取消地方性林业收费项目所带来的成本在林区县、乡和村三级组织中占本级财政性收入比例相对较高，所体现的相对负担比重从县到村也相应呈现逐步加重的趋势。从隐性成本来看，林区县、乡两级政府财政减收所产生的机会成本比较大，林业行政事业机构能力下降所产生的治理成本上升，村级组织丧失林业分配权所带来的乡村治理结构变迁的成本同样难以估计。

6.3.3.2 基层政府财政困境与林业税费改革

林业收费制度改革是继2004年我国全面取消农业税后，为了推进林权制度改革而进行的专项改革，主要目的是减轻林农经济负担，增加林农收入。在江西省林权主体改革完成后，林业收费是否会反弹的问题引起社会的普遍关注。如上所述，林业收费制度改革后对林区县、乡财政收入带来了比较大的压力，对林区村级治理也带来了前所未有的挑战。当前，影响林业税费制度改革长期成效的外部因素主要有：一是乡镇机构改革艰难，在贫困的山区和林区，乡镇机构臃肿是一个比较普遍而又难以改变的社会现实，财政供养负担依然很重；二是林区农村公共品供给水平很低，在农村基础设施建设方面，农村农业税费改革后的支出缺口进一步拉大，林业收费制度改革则更进一步地加大了支出难度；在农村文化、公共卫生等其他农村公益事业方面，林区税费改革前对这方面的资金投入就很有限，改革后支出更加无保障；三是县乡政府财政困难，山区林区的县乡财政更加困难。江西是我国传统集体林区，同时又是经济发展严重滞后的老区，大多数国家级和省级贫困县都分布在林区。尽管中央财政安排了税费改革转移支付，用以弥补乡村两级因税费改革带来的财力损失，但是由于改革前对农民收费数量本身就不明确，而且只对法定收费项目进行财政转移性补偿，因此这种缺口补偿办法还远远不能消除税费改革对乡镇政府和村级组织的影响，特别是以农林生产为主的山区和林区，财政缺口更为严重。四是乡村债务化解难。在农村税费制度改革前，乡村债务问题可以通过“三提五统”来消化，但现在一方面乡村两级收入明显减少，乡镇政府和村民组织在维持自身运转方面出现新的债务，另一方面，取消收费，彻底断掉了乡村两级预期偿债的资金来源，乡村两级债务压力显著加大。在林区，弥补人员等经常性经费支出缺口，成为新增债务的主要原因。

综上所述，林业收费制度改革的现实成本在增加，成本承担主体不断下移，县、乡两级财政缺口不断拉大，财政收支平衡难度在不断加大，这些问题长期存在，将势必导致林区林业收费的反弹。由于资金供给不足，林业行政部门将有可能凭借林木采伐指标分配权以及行政处罚权实施变相乱收费、乱罚款等“寻租”行为，用以转嫁改革成本，乡镇和村集体将也有可能以新农村基础设施和社会事业建设项目配套政策为借口，超标准筹资酬劳，利用掌握林木采伐指标的分配权收取费用。凡此种种现象说明，林区林业税费改革成果的巩固面临着现实的挑战。

6.3.4 地方政府及林业部门在林地规模化中的利益表达

6.3.4.1 林业部门对林地联合经营问题的认识和看法

对9省（自治区）样本县的分析中，重点考察了在林权分散到农户家庭后，地方政府主要是林业部门对林地规模化经营的态度。各级政府官员都认为，如果让农民家庭来分散经营林地，将无法推行先进的林业技术，难以开展森林保护，而且增加对林地的资金和技术投入的难度越来越大，也无法防范由市场带来的经营风险，最终也就无法提高林地的经营效益。因此，在已经完成主体改革阶段的地区，地方政府纷纷出台政策，支持林地规模化经营：一方面通过构建林业要素市场流转中心，为林地流转提供便捷服务，以此达到减低林地集中的交易成本；另一方面通过提出林业工程项目规模化面积要求诱导林地集中，对没有达到一定规模的林农不安排林业投资，以激励林地集中；再就是将大宗木材采伐指标投向有规模效益的企业或者林业种植业大户，增加小农获取采伐指标的成本，达到林地集中的目的。

从政策层面上看，政府对林地规模化经营采取了比较积极的态度，一些政策刺激了商业资本进入兼并林地的热情，在一些地方甚至引发了林地过度过快集中的现象。国家林业局于2009年联合中国人民银行和财政部，鼓励金融支持林业规模化经营，鼓励林农走“家庭合作”式、“股份合作”式、“公司＋基地＋农户”式等互助合作集约化经营道路，鼓励把对林业专业合作组织法人授信和对合作组织成员授信结合起来，探索创新“林业专业合作组织＋担保机构”信贷管理模式与林农小额信用贷款的结合，促进提高林业生产发展的组织化程度以及借款人的信用等级和融资能力。国家林业局2009年8月发布的《国家林业局关于促进农民林业专业合作社发展的指导意见》鼓励发展农民林业专业合作社。认为通过合作经营、集约经营和规模经营，有利于降低林产品生产和流通成本，增加农民收入；有利于创新机制，激励农民增加投入，提高农民投资收益；有利于提高农民的市场谈判地位，维护农民合法权益。

6.3.4.2　地方政府及林业部门在林地规模化经营中的利益形态

（1）政府参与林地规模化经营的主要形式

归纳了目前存在的林地规模化经营主要模式：一是以资金为纽带的林地规模经营模式。经营者通过对林权所有者的林地进行承包、租赁、购买等方式，将林地集中经营。这种方式的特点是经营者通过其资金优势获得林地经营权，产权清晰，责权明确，经营者积极性高。据统计，目前江西省遂川县已创办林业规模经营实体30多个（民营林场19家），其中，2005年，浙江省安吉县的方欣洪在遂川县碧洲镇租赁毛竹林5 300亩，组建成立“长青毛竹开发林场”，经过近三年经营，林场初具规模，效益初步显现。2006年，浙江客商吴章良在遂川创办“四平林业公司”，流转稀疏残次林近万亩，现大部分已经完成改造。二是以合作为纽带的林地规模经营模式。主要指林权所有者联户经营等方式。该模式是在林权所有者自愿的基础上实行的，形成互助组或合作社等，这种形式要求林权所有者是强有力的组织者，能形成互惠互利的合作章程，林权所有者的共同利益将林地聚集在一起，统一生产，统一管护，或分户生产，统一管护。如2007年，新江乡小湖村10户林农自发组织了遂川县新龙泉林农专业合作社，以自家自留山、责任山经过评估后入社，确定各自股份，按股分成，制定了统一的章程，章程明确了各自权利和义务，确定了经营方向和目标，选举了理事和监事。三是以联营股份为纽带的林地规模经营模式。主要指经营者与林权所有者联营，实行股份经营的模式。该模式主要是经营者负责生产投资，林权所有者以林地入股，集中林地经营，收入按股份分红，这种方式经营主体明确，具有林权所有者的股份利益使其共同维护林政管理秩序，提高经营者资金使用效率，经营者职责明确等优点。如2008年，江西省遂川县江南林业开发有限公司采用与林权所有者联营方式经营林地2 000亩，用于营造桉树、杨树等速生丰产林，建设工业原料林基地，山场涉及于田镇、草林镇两个乡镇50多户林农，收入林权所有者与经营者二八或三七分成。四是以村级组织为纽带的林地规模经营模式。这种模式主要以村级组织对林地进行统一经营，实行“分股不分山、分利不分林、统一经营、统一造林、统一管护、统一采伐、按股分红”的形式，这种模式充分发挥村级组织的作用，促进村级组织建设，分散经营中出现的矛盾可得到缓解，强化社会分工，提高生产的专业水平，落实村级公益性开支的来源。如新江乡石坑村，共有林地面积1.5万亩。林改时，该村通过村林改方案确定，自留山确权到户、分户经营，责任山由村委会集体统一经营，实行“分股不分山、分利不分林、统一经营、统一造林、统一管护、统一采伐、按股分红”取得较好的经济、生态、社会效益。2007年，全村除了公益开支外，每人分红2 000多元。

地方政府介入林地规模化经营的主要方式是以联营股份为纽带的林地规模经营模式。在林权制度主体改革初期，一些地方的林业局下属企业已经大规模购入林地，购入的方式有买断方式，但是更多的是联合经营模式。

表面上看，政府通过下属林业公司联合林农规模化经营可以减少林地细碎化给林农带来的不利影响，而且能给林农一定的利益保障。但是，在实地调查中发现，即使是过去那些已经租赁给林业公司经营的集体林地，企业的投资强度增加不明显，新技术应用也很少，企业联合经营其所带来的规模效应也不明显，农民获得的实际收益并不显著。其中的原因可能是因为在目前的林业经营方式下，林地规模经营对技术需求的增长并不明显，林业生产活动还维持在种植新树种的传统作业水平，林地营林依然是要靠简单的人力来完成，不需要也不可能采用大规模的机械化操作提升林地经营管理的效率。尤其是在山区和深山区，林业机械化不但有很大的难度，而且成本昂贵，即使是种植速生丰产林之类的新树种，如桉树、麻竹等，也与林地分散经营并不矛盾，很多地方通过“订单模式”实现了公司与林地分散经营者的市场关系，建立了“公司+农户”等组织形式达成规模经营的目标，而不需要以林地产权相对集中为条件。可见，在很多地方，以企业为龙头的林地规模经营会导致资本投入和效益增加的判断并不符合实际。

（2）林地及林产品价格增长与政府收购林地资源

在江西遂川县采访了一位林业大户林地流转的情况。2006年4—5

月份，遂川县绿源林业公司（县林业局直属企业）向该林主表达购买林地意向，经过谈判，林主将2005年购买的2块面积1 172.4亩林地出让给公司，价格是101.5元/亩，购买剩余的29年林地使用权。成交价格分为两个部分：一部分是一次性租金，年租金1.5元/亩价格，合计5万余元，另外一部分是林主原购山价款，计7.034 4万元。2008年林主出让了2005年购入的另外2块杉木林地，面积137.7亩，购入方是遂川金星林业有限公司，5年使用权，2013年12月到期。关于该农户转让林地的原因：被采访者转让林地的原因是因为无法弄到松杂木的采伐指标，自己申请过，但是林业局不批准，转让给公司后，由公司负责采伐指标，基本上是采伐多少就有多少采伐指标，公司是林业局企业，弄指标很方便。当问及农户转让林地是否划算的问题时，该农户说以2006年情况看，转让林地还是划算的。但是从3～4年后的情况来看，山林价格提高到最少150元/亩，就觉得不划算了，而购买林地的国有林业企业在短短的2～3年里，林地市场价格增长接近50元/亩。农户反映当时自己选择转让林地也有采伐指标限制的因素。

其实，从2004年开始，以林权制度改革为诱发因素的全国集体林区林地资源市场价格发生了巨大变化，尤其是林业行政事业性收费的大幅度减免以及林产品市场供求关系的变化，林地资源价格一直呈现上升趋势。我们对杉木、松木、阔叶树、毛竹四种江西省最主要的木竹产品在改革前后的销售价格进行了调查分析，结果表明，在林改政策推进期间，江西省各地木竹销售价格呈现出全面上涨的发展趋势。其中，杉原木、杉条木、松原木、松条木和阔叶树木材平均销售价格依次分别上涨50.42%、49.02%、43.59%、42.81%和41.60%，毛竹平均销售价格上涨了79.47%。我们同时对杉木林、松类林、阔叶林、毛竹林及荒山等不同类型资源流转价格的调查统计数据进行了分析，发现2004—2006年期间，杉木林平均流转价格上涨了107.97%，松类林平均流转价格上涨了120.0%，阔叶林平均流转价格上涨了97.98%，毛竹林年均租赁价格上涨了309.42%，流转价格上涨了326.32%，荒山年均租赁价格上涨了257.69%，荒山流转价格上涨了273.33%。

（3）林地兼并作为政府林业收费替代的重要形式

在林地资源价格快速增长的情况下，政府部门主张林地规模经营，并由其下属的林业公司介入林地联合经营，很大程度上隐含着维护和控股自己的团体或者部门利益的驱动性。价格的上升就意味着谁控制了林地资源谁就掌握了未来林地价格上升产生的巨大市场利润。但是，林地资源价格的上升也表明林地收购的谈判和交易成本也随之提高，我们从江西农户访谈中得到了印证，在四川省丹棱县的农户调查中我们也发现了同样的情况。企业兼并农户林地的成本越来越高。相比而言，私人企业林地收购的难度显然要高于国有企业。这主要是农户普遍反映的林木采伐指标被政府部门所控制，农户即使有大面积的林地资源，也很难获得大额度的木材采伐指标，而政府控制的企业获得林木采伐指标的难度很小，在更多的时候，政府部门将下属的企业作为林木采伐指标的优先发放和保障的对象，而这些企业有了林木采伐指标，则相对容易地收购和兼并农户的林地资源。政府控制的企业在林地收购中处于垄断地位，进而获取垄断利润的收益也是巨大的。在林业税费改革不利于地方政府及林业部门利益取向的新形势下，通过超市场手段获取林地收购和兼并的相对垄断而获得巨大的资源资本利益，有可能成为当前政府部门寻求利益替代的重要形式。在林地集中收购过程中，政府及林业部门除采取上述直接或变相干预影响林地流转的方向外，还会采用将林木采伐指标分配、运输证、采伐迹地更新保证金、林业工程项目投资以及贴息贷款投放作为重要的招商引资条件，吸引外来企业进入当地的林地规模化经营和林地兼并过程，与民营企业建立利益同盟关系，这也是地方政府参与和鼓励林地规模化经营的重要驱动因素，在利益同盟关系下，政府及林业部门“寻租”成本将会降低，收益会有大幅度提高。

6.3.5 不同林地联合经营模式的主体间利益分配机制分析——以林业专业合作组织模式为例

6.3.5.1 林地联合经营体利益分配机制选择

林业专业合作组织是以利益为纽带结成的互惠互利共同体，其生命力在很大程度上取决于参与农户利益以及各种合作要素利益的实现程度。利益分配机制是林业专业合作组织运行机制中非常重要的一部分。农户参与合作组织的最终目的是为了提高收入，获得利益。而通过合作组织的运作所获得的利益如何分配，就成了农民非常关心的一个问题。

考察了江西省林业专业合作组织的利益分配机制，除了部分不进行利益分配的组织之外，以按股分配、一次性买断和销售后按一定比例分配收益三种形式为主。根据资料，江西省各类型的林业专业合作组织利益分配方式并不完全相同，但基本以按股分配为主，结合一次性买断和销售后按一定比例分配两种形式，除了“三防”协会以外，不分配利益的情况较少。

分别以5个组织类型来看：“三防”协会以不分配为主，在“三防”协会中，不分配利益的比例高达96.5%。由于该类组织的服务性质，以提供服务为主，只收取少量的会费或者依靠政府补助运行，既没有利益收入，也就谈不上分配；以营林为主的民营林场的利益分配方式以按股分配为主，占46.7%，其次是一次性买断占26.4%，有25%的民营林场以销售后按某种比例分配利益，只有1.9%的林场由于特殊原因不进行利益分配；以造林为主的民营造林公司的利益分配方式与民营林场类似，只是按股分配的比例更高，占51.6%，另外一次性买断和销售后按某种比例分配的分别占31.7%和7.9%，不分配利益的占9.9%；以特色产业为主的林业专业合作社的利益分配方式则以销售后按某种比例分配为主，占60.4%，其次是按股分配，占31.7%，少数一次性买断的情况，只占7.9%；以加工为主的木竹加工协会的利益分配方式主要是销售后按某种比例分配和按股分配两种，各占52.2%和47.8%（表6-28）。

6.3.5.2 按股分配模式

这类分配方式以最初加入合作组织的入股数作为依据，根据股数分配利益。组织按照一定的比例，将合作组织的获利进行分配，一部分用于股东分红，一部分用于扩大再生产，一部分用于合作组织的各项开支费用。其中股东的分红则按照当初入股的股数进行分配。

虽然在有利润返还的合作组织中，比较常见的是按比例分配盈余，按资金贡献分配红利，但这种常见的机制，在实际操作中也带来很多矛盾。组织运行需要资金，扩大再生产也需要资金，这是按比例分配盈余

表 6-28　各类型林业专业合作组织利益分配方式

单位:%

林业专业合作组织类型	分配方法	比例
三防协会	按股分配	3.50
	一次性买断	0.00
	销售后按某种比例分配	0.00
	不分配	96.50
民营林场	按股分配	46.70
	一次性买断	26.40
	销售后按某种比例分配	25.00
	不分配	1.90
民营造林公司	按股分配	51.60
	一次性买断	21.20
	销售后按某种比例分配	17.30
	不分配	9.90
林业专业合作社	按股分配	31.70
	一次性买断	7.90
	销售后按某种比例分配	60.40
	不分配	0.00
木竹加工协会	按股分配	47.80
	一次性买断	0.00
	销售后按某种比例分配	52.20
	不分配	0.00

资料来源：江西省林业厅。

的原因所在，但是对于一些参与者较多，尤其是政府或者相关部门牵头的合作组织中，普通会员只关心自己的收益，而对分配的其他部分有不同的看法。究其根本，是由于内部管理的不够透明民主，会员无法肯定所有的收益是否都得到了合理的利用，从而产生不信任感。

以江西省武宁县长水木竹种植专业合作社为例，该合作社以木竹经营为主。合作社以入股形式，与林农合作造林，拥有林地面积高达124 000亩，主要项目是毛竹低产林改造，该合作者拥有组织成员 426户，注册资金规模 100 万元。该合作组织的利益分配按照 4∶3∶3 分配利润，将利润的 40％用于成员分红，30％用于合作社再生产用，30％用于内部工作人员的工资费用。其中分红按照入股成员的入股数，按照入股股数分配盈余。据调查显示，67.8％的组织成员赞成这种分配方式，认为这种分配比例是合理的。

6.3.5.3 一次性买断分配模式

一次性买断的方式以民营林场和民营造林公司为主，这类合作方式中，各类合作林场一次性将林农的林地买断，林场自主对林场进行经营种植。农户以一定的租金将林地使用权一次性卖给以民营林场为主的合作组织，合作组织一次性将租金付清，之后就全权负责林地的种植管护工作，农民不再具有管护权。这类方式虽然农民失去林地所有权，但在实际调查中发现，往往农民自身由于资金等方面的短缺而无法经营林地，在转让林地后，不仅可以获得林地卖断收益，还可以解放劳动力，更有的可以受雇于民营林场，进行林木管护，获得一定的工资性收入。

以江西省浮梁县鑫叶林场为例，该林场累计买断了近 6 000 亩的林地，进行油茶的种植生产销售，同时雇用合作农户作为林场工人进行日常生产维护，工资有近 3 万元/年。同时组织对合作农户的剩余林地免费提供种苗和种植培育技术，并允许在日常管护中同时兼顾自家林地，不仅解决了劳动力问题，也提高了农户的家庭收入。

6.3.5.4 销售后按一定比例分配收益

一些以某产业为特色经营的林业专业合作社通常采取一定的比例分配收益。该类合作组织以某产业为核心，提供包括产前、产中、产后一系列的服务。该类分批方式通常是在进行统一销售后，将销售收入以一定比例进行分配。比如江西省上高县林业经济合作组织，该组织租赁合作农户的林地进行经营销售，在合同签订时付给农户一定的租金，并在取得林木销售等收益时，按照 7∶3 的方式进行利润分配，林农获得

30%的收益。

6.4 制约农户林地流转和联合经营的意愿及影响农户联合经营行为的因素分析

6.4.1 农户林地流转的动因

随着集体林权制度改革的逐渐深入和林权市场的逐步完善，南方集体林区的林地流转日趋活跃，很大程度上优化了林地资源的配置，拉动社会资源向林业产业转移，促进了林业产业发展。2009年中央1号文件《中共中央、国务院关于2009年促进农业稳定发展农民持续增收的若干意见》中强调，“稳定农村土地承包关系，建立健全土地承包经营权流转市场”，阐述了土地流转的基本原则和内容，同时又进一步明确要“加快林地、林木流转制度建设”；2010年中央1号文件《关于加大统筹城乡发展力度进一步夯实农业农村发展基础的若干意见》中提出，要“规范集体林权流传”，使得林地流转问题再次成为社会关注的热点话题。

新中国成立以来，中国林地与农地一样历经了多次调整。国内外学者就中国农村土地问题已经做了不少研究，研究认为，土地的频繁调整对农民在土地上长期投资的积极性、土地资源的保护性使用以及农村经济发展都会产生不利影响（张红宇，2002；张三峰、杨德才，2010 ）。因此，在林业“三定”前林地的频繁调整导致了一些地区出现了大规模的滥砍滥伐，森林资源遭到了严重破坏（徐晋涛等，2008）。2004年以来，中国新一轮集体林权制度改革强化了林地和林权的稳定性，规定林地经营权70年不变。但是，南方集体林权制度改革也加剧了林地细碎化，增加了农户林地经营的成本。土地流转是促进土地规模化经营的必经之路，也是提高土地经营效率的重要途径（郜亮亮、黄季焜，2011）。2003年6月，中共中央、国务院出台了《关于加快林业发展的决定》（中发［2003］9号），鼓励森林、林木和林地合理流转，特别是鼓励各种社会主体通过承包、租赁、转让、拍卖、协商、划拨等形式流转林地使用权。林权制度改革后，林地高度细碎化增加了林地流转的交易费用，阻碍了林地市场化流转。除制度等外部因素之外，农户林地流转行为还会受哪些农户自身因素的影响，仍然是人们关注的重要问题。在林地流转动因的研究方面，聂影（2010）进行了有价值的探索，其研究把林权流转的动因分为三个层次：第一个层次是劳动力向城镇转移、林业比较效益低和林业产业结构调整等微观原因；第二个层次是林地规模经营、林区经济发展等中观原因；第三个层次是林业实现国际化、林区家庭承包制继续稳定发展、国家制定相关政策法律等宏观原因。在农户林地流转意愿与行为影响因素的研究方面，国内学者侧重于寻找农户自身因素。例如，陈珂等（2010）以农村经济对林地依赖程度较高的辽宁省丹东市宽甸县和抚顺市新宾县为分析对象认为，农户家庭成员是否担任村干部、农户是否参加养老保险等社会保险会影响农户林地转出意愿；而农户对木材等林产品价格是否满意、是否去过林权交易市场等会影响其林地转入意愿。谢屹等（2009）认为，农户取得非农收入将降低其林权转出的意愿，上学子女数量对其是否转出林地和林木具有显著影响。徐秀英等（2010）和廖文梅等（2010）研究认为，户主年龄、文化程度、是否担任村干部、家庭农业劳动力数量、家庭是否有自营工商业或是否有成员在机关及事业单位上班、家庭收入水平、非农收入占家庭总收入比重等因素对农户林地流转行为有显著影响。上述研究为理解农户林地流转行为问题提供了重要的借鉴。但是，此前的研究较少从比较收益风险的角度将农户收入结构的差异纳入林地转入和转出的影响因素之中。从南方集体林区农户林权流转意愿和流转行为案例的初步分析情况看，与其他关键的家庭特征因素一样，农户家庭收入结构的差异对其林权流转意愿和流转行为也产生了重要影响。有鉴于此，本书试图将农户林业经营的比较收益及由此导致的家庭收入结构差异和林业经营的风险态度作为影响农户林地流转行为的重要内部因素加以考虑，利用所掌握的第一手调查数据，构建分析模型，验证有关假说，并提出政策启示。

6.4.2　林地流转影响因素模型的构建

农户作为林地的主要经营者，同时也是林地流转市场中的主要林地供给者和需求者，其行为会受到来自市场、制度等外部因素的影响，同时也会受到其家庭经济特征等内部因素的影响，而且市场、制度等外部环境因素对林地流转的影响往往要大于家庭经济水平等内部因素的影响（陈珂等，2010）。如果把农户看成是理性的经济人，追求总收益最大化无疑是其家庭生产经营的首要目标，其投资、用工以及土地的配置也必然以效率最大化为指导（史清华、贾生华，2002）。从农户的角度看，是否选择流转林地，关键取决于其自身对林地经营的比较收益、成本和风险的判断。为此，本书借鉴曹建华等（2007）和徐旭等（2002）对土地流转行为的分析方法，构建以下农户林地流转行为模型：

$$D=(R_1/\theta_1)/(R_2/\theta_2)=(R_1/R_2)/(\theta_1/\theta_2) \qquad (6-1)$$

（6－1）式中，D 为农户林地流转行为指标，由相对比较收益 R_1/R_2 与相对比较风险 θ_1/θ_2 共同决定；农户为了追求收益最大化，会根据自身资源平衡其劳动时间的安排。R 是关于一个时间因素的总收益函数：

$$R=Forin(t)+Agr(i)+Nagrfor(1-t-i) \qquad (6-2)$$

$$s.t. \qquad i+t=1$$

（6－2）式中，R 为农户总净收益；设农户总的可支配时间为 1，t 为农户林业经营的时间，i 为农户农业经营的时间，$1-t-i$ 则为农户从事非农林产业的时间；$Forin(t)$ 为农户的林业经营净收益，$Agr(i)$ 为农户的农业经营净收益，$Nagrfor(1-t-i)$ 则为农户从事非农林业即第二、第三产业的净收益。根据（6－1）式和（6－2）式，基于不同的收入结构则会产生几类农户（表 6－29）。其中，兼业型包括三类兼业，即林业兼第二、第三产业型（以下简称为“林兼业”）、农业兼第二、第三产业型（以下简称为“农兼业”）、农林业兼第二、第三产业型（以下简称为“农林兼业”）。许多农户愿意并希望转让林地经营权，或者未转让的林地出现撂荒现象，其原因除了个别农户是因为家庭缺乏劳动力，无力从事林业经营外，大部分农户是认为经营林业的边际收益低于经营非农林业的边际收益，经营林业与其他产业的边际收益的差异将会导致农户家庭收入结构的不同，因此，本书拟验证因比较收益与风险所形成的农户家庭收入结构的差异对其林地流转行为的影响程度及影响方向。

表 6-29 农户家庭收入结构与收益比较情况

时间分配	家庭收入结构	边际收益比较（R_1/R_2）	农户类型
$t=1$	林业收入	从事林业时间投入的边际收益大于从事其他产业时间投入的边际收益	林业型
$t+i=1$	农林业收入	同时从事农业和林业时间投入的边际收益大于从事非农林业时间投入的边际收益	农林业型
$t=1$	农业收入	从事农业时间投入的边际收益大于从事其他产业时间投入的边际收益	农业型
$t+i=0$	非农林业收入	从事第二、第三产业时间投入的边际收益大于从事农业和林业时间投入的边际收益	非农林业型
$0<t+i<1$	农业林业兼第二、第三产业收入	从事农业或林业兼营第二、第三产业时间投入的边际收益大于从事其他类型产业时间投入的边际收益	兼业型

根据农户决策行为函数（6-1）式、（6-2）式，可以看出，农户林地流转行为除了受到户主特征与家庭特征因素影响外，还会受到由比较收益导致的家庭收入结构以及农户对林业经营风险态度的影响，具体如下：

（1）户主的基本特征

本书将户主的性别、年龄和文化程度作为反映户主基本特征的主要指标。笔者预期，女性户主思想较男性户主传统、保守，因而较男性户主更不易转出和转入林地。户主年龄越大，外出就业的可能性越低，恋土情结越重，也就越不愿意转出林地；同时，由于户主年龄越大，风险偏好低，他们也不愿意转入林地。户主文化程度越高，掌握技术的能力越强，就越有可能愿意转入林地，实现规模经营；但他们也越有可能转出林地，转而从事第二、第三产业，获取比经营林业更高的边际收益。

（2）家庭特征因素

本书将农户所在地区、家庭劳动力数量作为反映家庭特征的基本指标。在中国，林地流转的活跃程度存在地域上的差异，市场较活跃的地区农户转出和转入林地的可能性也会较大。家庭劳动力数量越多，农户寻求替代生存的机会越多，林地转出或转入的可能性也越大。

(3) 农户的收入结构因素和林业经营风险态度因素

农户的收入结构因素对其林地流转行为的影响会因农林收入在家庭总收入中所占比例的不同而不同。一般来说，对农林收入依赖程度较高的农户转出林地的可能性会较低，而转入林地的可能性会较高。认为林业经营风险高的农户选择转出林地的可能性较大，而认为林业经营风险低的农户则选择转入林地的可能性较大。

6.4.3 林地流转调查样本的数据描述

江西省国土地总面积 1 669.5 万公顷，其中林业用地面积 1 072.0 万公顷，占 64.21%，森林覆盖率为 63.10%[①]，列全国第二位，仅次于福建省，是我国南方的重点林业省和国家集体林权制度改革的示范省份。围绕农户林地流转问题，本课题组对江西省集体林区进行了实地调查，一共抽取样本农户 400 户，最终获得有效样本 376 户，有效样本比例为 94%。有效样本的地区分布如表 6－30 所示。数据采集样本县分布在 9 个地级市并覆盖平原、丘陵和山区三大类型区。调查时间为 2009—2010 年寒假期间。在确定样本数量及其区域分布时，主要根据区域资源禀赋，例如林地面积大小以及区域林权交易市场活跃的程度等因素，具体分配样本比例见表 6－30。

6.4.3.1 户主基本特征

从户主年龄看，主要集中在 21～38 岁和 39～50 岁这两个年龄段，这两个年龄段的户主分别有 96 名和 159 名，有效百分比分别为 25.5% 和 42.8%。从户主性别看，男性户主有 312 名，占有效样本总数的 83%；女性户主有 64 名，占总数的 17%。户主文化程度普遍不高，以小学及小学以下文化程度者居多，共占了有效样本总数的 55.6%；其次是中学文化程度者，占 24.7%；高中及以上文化程度者占 19.7%（表 6－31、表 6－32）。

---

① 源于江西省“十一五”森林资源二类调查结果。

表 6-30 样本分布情况

特征值	市	林地面积（万公顷）	样本数量	有效百分比（%）
1	南昌	13.885	33	8.8
2	赣州	303.912	67	17.8
3	宜春	106.780	48	12.8
4	吉安	175.601	49	13.0
5	上饶	137.191	57	15.2
6	抚州	129.726	33	8.8
7	九江	106.194	53	14.1
8	萍乡	24.935	15	4.0
9	景德镇	35.239	5	1.3
10～12	其他		16	4.2
总计		—	376	100.0

表 6-31 户主年龄

年龄	频数	百分比（%）
20 岁以下	49	13.0
21～38 岁	96	25.5
39～50 岁	159	42.8
51～65 岁	61	16.3
65 岁以上	9	2.4
总计	376	100.0

表 6-32 户主文化程度

文化程度	频数	百分比（%）
小学以下	106	28.2
小学	103	27.4
中学	93	24.7
高中及以上	74	19.7
总计	376	1 000

6.4.3.2 农户家庭特征

样本农户的地区分布情况与表 6-30 中的描述一致。样本农户家庭劳动力数量普遍为 2～3 个。具体而言，家庭劳动力数量为 2 个的农户有 171 个，占样本总数的 45.5%；家庭劳动力数量为 3 个劳动力的样本农户有 99 个，占样本总数的 26.3%；家庭劳动力数量为 1、4、5、

6、7个的农户分别占样本总数的13.3%、9.8%、4%、0.8%、0.3%。

6.4.3.3 农户林业经营的风险态度与家庭收入结构情况

农户林业经营的风险态度对其林业经营的积极性有着重要影响。统计数据显示，认为林业经营有风险的农户占样本农户总数的54.5%。对拥有林地的农户家庭收入结构进行统计，结果表明，以农业和非农林业收入为主的农户有268户，占样本农户总数的71.3%（表6-33）。这在一定程度上说明，农户林业经营的积极性不高，农户对林业收入依赖程度较低。

表6-33 农户收入结构分布情况

	林业	农林业	林兼业	农林兼业	农业	农兼业	非农林业	总计
频数	34	12	16	23	103	23	165	376
百分比（%）	9	3.2	4.3	6.1	27.4	6.1	43.9	100

6.4.3.4 农户林地流转情况

在“林地是否转出”方面，有林地转出的样本农户有68户，占样本农户总数的18.4%；没有林地转出的有307户，占81.6%。在“林地是否转入”方面，有林地转入的样本农户有36户，占样本农户总数的9.6%；没有林地转入的有340户，占90.4%。

6.4.4 计量模型的选取、估计及结果分析

6.4.4.1 模型选择

在影响农户林地流转的因素中，本书重点考察农户家庭收入结构是否对其林地流转行为具有显著影响，以及收入结构对林地转入和转出两种流转行为的影响是否存在显著差别。为此，本书将农户个体特征、家庭特征和家庭收入结构等方面共7个变量作为影响农户林地流转行为的自变量，将农户林地流转行为作为因变量，设定如下形式函数：

农户林地流转行为：

$y=f$（户主个人特征，家庭特征，家庭收入结构、其他因素）+随机扰动项

本书中要分析的因变量为农户是否林地流转，$y=1$，表示农户有转出（转入）林地行为，$y=0$，表示农户没有转出（转入）林地行为，这是一个定性的二分变量，也是一个决策行为，因此，本书选用 Logistic 线性回归模型进行回归分析。模型基本形式如下：

$$p(y=1)=\frac{Exp(\beta_0+\beta_1x_1+\cdots+\beta_7x_7)}{1+Exp(\beta_0+\beta_1x_1+\cdots\beta_7x_7)} \tag{6-3}$$

（6-3）式中，把农户有林地转出（转入）行为的概率设为 $p(y=1)$，则农户未发生林地流转行为的概率为 $1-p(y=0)$；β_0 为常数项，表示自变量全为 0 时发生比的自然对数值；$x_j(j=1,2,\cdots,7)$ 为影响农户林地流转的因素；β_j 是 $x_j(j=1,2,\cdots,7)$ 对应的偏回归系数，表示当其他自变量取值保持不变时，该自变量取值增加一个单位引起发生比的自然对数值变化量，而在对检验结果进行解释时往往使用的是 $Exp(\beta_j)$，即发生比率。

6.4.4.2 模型估计结果

本书运用 SPSS16.0 统计软件对农户林地流转有关数据进行 Logistic 回归处理，将各自变量均放入模型中回归，得到非标准化系数，结果如表 6-34 所示，模型检验结果均为显著。

6.4.4.3 模型结果分析

（1）林地转出行为分析

①户主特征和农户家庭特征。对农户林地转出有显著影响的变量是户主性别和家庭劳动力数量。与预期一致，男性户主转出林地的概率比女性户主更大。可能的原因是，女性户主的决策行为更为保守、传统，寻找替代生存的机会更小。家庭劳动力数量多的农户转出林地更多，恰亚诺夫（1925）在考察农业劳动力从事非农活动动机时候，提出了两种可能性：一种是非农收入相对于农业收入高，农户为获得更高的收入所以选择从事非农活动；另一种情况是农户为了弥补农业活动收入的不足而从事非农活动。家庭劳动力数量越多，从农业或林业产业游离转移出来的劳动力会更多，游离出来的劳动力会向其他产业转移，从事非农林产业，以获得比农林业更高的收入，降低农林业收入在家庭收入的比重，增加林地流转的动机。

表 6-34 农户林地转出、转入模型估计结果

变 量	模型（一）：林地转出			模型（二）：林地转入		
	β	显著性水平	$Exp(\beta)$	β	显著性水平	$Exp(\beta)$
户主性别	0.927	0.021	2.528	−0.792	0.174	0.453
户主年龄	0.012	0.372	1.012	0.249	0.241	1.283
家庭所在地区	0.065	0.692	1.067	−0.012	0.522	0.988
户主文化程度	−0.018	0.726	0.982	0.110	0.095	1.116
家庭劳动力人数	0.290	0.037	1.336	−0.26	0.177	0.771
林业经营风险态度	−0.014	0.926	0.986	−0.419	0.04	0.657
家庭收入结构 非农林业型（参照组）						
林业型	−2.442	0.018	0.087	1.557	0.009	4.745
农林业型	−1.474	0.174	0.229	1.665	0.037	5.287
林兼业型	−1.792	0.092	0.167	0.464	0.681	1.59
农林兼业型	−2.336	0.028	0.097	1.697	0.016	5.458
农业型	−0.677	0.039	0.508	0.814	0.100	2.258
农兼业型	−0.914	0.163	0.401	1.009	0.170	2.743
常数	−3.296	0.003	0.037	−0.97	0.524	0.379
2Log likelihood		320.249			213.713	
Nagelkerke R^2		0.139			0.126	
显著性水平		0.000			0.003	

②农户家庭收入结构。以非农林业型作为家庭收入结构的参照组，从模型估计结果来看，农户家庭收入结构对其林地转出行为有显著影响，收入结构为其他类型的农户较对照组（非农林业型）发生林地转出行为的概率有所下降，其中，林业型、林兼业型、农林兼业型、农业型的农户，发生林地转出行为的概率显著下降，而农兼业型和农林业型农户林地转出行为也有所下降，但下降程度低。林业型的农户，即 $i=1$，林区居多，对林业收入的依赖性大，该类农户林地转出的可能性小；林兼业型及农林兼业型的农户从事第二、第三产业主要的目的是为了弥补林业和农业收入的不足，但并没下降对林业收入的依赖程度，林地转出

的概率低；农业型农户（即 $j=1$），主要分布在平原区，林地资源分布较散且少，很难形成规模经济，在不能改变林业用途的前提下要转出林地一般比较困难。

（2）林地转入行为分析

①户主特征和农户家庭特征。户主文化程度对农户林地转入行为有明显的正向影响。选择林地转入的农户户主往往有一定的文化基础，这些农户拥有较强的资源配置能力，能更好地经营林业。这与徐秀英（2010）的研究结论相似。

②林业经营风险态度。林业经营风险态度对农户林地转入行为有显著的负向影响。根据（6-1）式，与经营其他行业相比，认为经营林业风险高的农户，选择林地转入行为的概率会下降。林业属于高风险行业，由于林木轮伐期或收益期一般在 10～15 年，林地经营的长周期，增加了林业的自然灾害、社会及市场风险程度。因此，认为林业经营风险高的农户一般不愿意转入林地。

③农户家庭收入结构。模型估计结果显示，农户家庭收入结构的影响总体上是显著的，与对照组（非农林业型）的农户相比，收入结构为其他类型的农户发生林地转入行为的概率有所上升，其中，林业型、农林业型、农林兼业型的农户选择林地转入的行为更强，而林兼业型、农业型、农兼业型的农户林地转入概率上升不明显。林业型农户（即 $i=1$），倾向于林业专业化，通过转入林地扩大经营规模，实现规模经济，降低经营成本，提高林地投入的边际效益，该类农户林地转入的概率大。农林业型农户的农业和林业的劳作时间并不冲突，在山区，农地农田的劳作时间为春秋两季，而林地劳作时间普遍以冬季为主，这类农户可能会选择转入林地或者转入农地，提高农林业收入。农林兼业型农户以农林业收入为主，从事第二、第三产业的目的也是为了弥补林业和农业收入的不足。因此，在条件成熟时则会通过转入林地或农地来提高林业或农业收入的比重。

6.4.5 结论与启示

实证分析结果表明，影响农户林地转入和转出的因素不尽相同：户主性别、家庭劳动力数量对农户林地转出行为有显著影响，而对林地转入无显著影响；户主文化程度和林业经营风险态度对农户林地转入行为有显著影响，但对林地转出无显著影响；农户家庭收入结构总体上对农户林地转出和转入行为均有显著影响。

无论是林地转入还是转出，其目的都是合理配置林地资源，促进林业发展。基于以上结论，可以得出以下政策启示：一是发展第二、第三产业，拓宽农户增收的渠道，改变农户家庭收入结构，让部分认为林地经营机会成本高的农户有从事第二、第三产业的机会，增加林地转出的原动力。二是加强农村教育，提升农民家庭成员的文化程度。一般来说，文化程度高的农民解读政策的能力和搜寻信息的能力要强，有信心增加对林业的资本投入，并转入林地，获得规模经济效益。三是培养农户林业经营风险管理意识。在林业经营过程中，很多农户风险管理意识薄弱，当遇到雪灾、山洪、火灾等自然灾害造成重大经济损失时，他们经营林业的积极性受挫。要正确引导农户理性认识林业经营风险，既不能疏于防范林业风险，也不可高估林业风险，要不断提升农户的风险管理能力。

7 制约集体林自愿联合经营的制度因素分析

7.1 林地规模化经营前提需要的林地流转制度缺失

一是林地使用权流转法律依据不全。林地流转是集体林联合经营进而实现规模经营的前提条件。林地流转有关法律法规滞后，缺乏切实可行的外部拉动政策，严重制约了林地规模化经营的进程。至今国家尚未制定一部规范林地流转的法律法规，现有法律法规中的有关条款已明显阻碍当今快速发展的经济活动的需要。地方性法规规范作用相对有限。人们对这种低阶位的规定的权威性存在疑惑，并且极大部分地方林地流转处于无章可循的状态，其结果导致了流转行为不规范、随意性大，没有中介机构参与，操作上缺乏透明度和公平性，图文资料不全，合同文本不一致，林地价格基本上由村委会采用目估毛测法进行简单的估算。目前多数林地流转是老板和村干部一手操办，有的甚至是暗箱操作；有的是政府出面，行政干预，排挤竞争者，使群众利益受损。由于没有形成林地流转市场，没有一批成熟的中介机构和评估机构，没有专门的信息发布平台，出租者与承租者信息流通不畅，无法形成林地流转公开竞拍、公平竞争的机制。同时由于农民的社会保障体系尚未建立，林地仍然是农民的重要生产资料和生活依靠，农民的恋土情结依然很强，农民离乡不离土的情况是制约林地流转的重要因素。

二是制度不健全，流转行为不规范。部分干部群众对林地流转的认识不足，意识淡薄，流转行为不规范。有的将承包权长期不变和林地流转对立起来；有的对承包政策掌握不够，对基本经营制度理解不透，片面强调或夸大流转的作用，片面强调集体林地所有权，采取行政措施强行推动；有的为了谋求自己的“政绩”和集体收益，片面理解林地流转的目的，将林地流转单纯视作增加集体收入，壮大村级经济的主要途径，将流转的租金主要留归集体；有的对林农未经集体经济组织审核批准擅自转包出租林地的行为，不闻不问，不加制止，导致集体利益严重受损，集体的林地所有权被侵犯。

三是流转程序不规范和流转后管理薄弱。流转程序与手续不够规范，带来了矛盾和隐患。有相当部分林地流转只是口头约定，有些合同条款不规范，权利义务违约责任不清。有些林农片面认为林地承包 50 年不变，这些林地就是自己的，可以任意处置，于是私租包给他人；有的林农在其周边山林已经流转的情况下，也不愿意流转，影响了林业产业结构调整的整体布局，显示不出规模效应，不能有效地盘活林地资源。也有个别地方借林地使用权流转之名，随意改变流转林地的林业用途，修建固定设施。

四是流转的管理和中介服务机构不够健全。林地流转的市场化中介服务体系刚刚建立，还缺少完备的管理制度和规范操作程序，制约了林地流转市场的发育。目前各地还没有建立相应的林地流转管理机构、森林资源资产评估服务机构、经济仲裁机构等，流转后没有及时登记备案，林地权属变更登记滞后。值得关注的是，在很多地方转让林地使用权时，由于缺乏专业的森林资产评估机构，没有对林木的生长状况、地理位置、林地的立地条件、交通和市场条件等进行调查，没有进行科学合理的价格估测，价格基本上由村两委采取目估毛测法进行简单的估算，主观性、随意性较大。且流转多数属偶发性行为，地区性、封闭性强，缺乏市场参照依据，导致相似经营条件和立地等级的地块价格高低相差悬殊。另外，林地流转价格没有考虑资金的时间价值。这将造成集体资产的大量流失。由于没有专门的评估机构，市、县林业局有时会对一部分林地进行评估，但是由于没有资质，也得不到承认，为林地的流转带来一定的困难。

五是林地流转市场发育相对滞后。从我国集体林权流转实际情况来看，林地合法流转渠道不够畅通。目前各级政府比较注重培育林地流转的“一级市场”，即通过分林分山到户等途径使林农依法获得林地的使用权；但是，由于我国林地流转“二级市场”尚不健全，致使林地再次流转受到一定的限制。

六是林权流转中出现的山林倒卖、炒卖现象比较严重。林权改革的一个基本设计要求是把本村的集体林权在本村之内公开进行拍卖，让所有的村民都有机会参与投标。但是在具体实施过程中，很多来自非村农身份的投机者，包括不少政府和林业部门的工作人员却以自己的方式“购买”了大片林权。事实上，即使有的村按照规定举行公开的招投标，但是由于普通农民严重缺乏资金，他们在招投标中根本没有相应的经济实力和外部投标人进行竞标，而后者很容易通过提高价码获得林权，然后再转手高价卖出，从中攫取高额利润。由于很多农民对于林地的潜在经济价值缺乏足够的认识，即使他们中有的人能够竞标到少部分林权，但往往又以相对低得多的价格出让。由于林权流转是一个非常复杂的问题，其中涉及山林的评估、林权贷款等后续问题。目前，有些人利用手中掌握的权力资源或以其他方式，以促进林权流转之名行林地兼并之实，风险不容低估。在一些地区，虽然林权改革刚刚完成，但是林权的流转却异常频繁，有些人（包括政府工作人员）以此迅速发家致富。虽然这里面有些是正常的市场行为，但其间也夹带部分集体林业资产的迅速流失，成为私人资产。而且林权兼并现象发展速度之快令人吃惊。如福建永安市目前已组建各类股份合作林场、家庭林场 63 个，其中经营面积 3 000亩以上就有 24 个。在福建南平建瓯市小桥镇有一个造林大户，当初分到他名下的山林只有 1 亩多，如今却拥有林地 1 000 多亩。有的政府工作人员，以极低的价格获得了数百亩的山林，而今这片山林的价值已经“飙升”到上百万。这种倒卖、炒卖行为不仅破坏了林权合理有序的流转，扰乱了正常的林地流转秩序，而且加大了林业投资的风险。

7.2 促进林农联合经营组织形成和发展政策机制的缺失

一是政府干预过度，林地联合经营及合作组织的行政化模式。对全国 9 省（自治区）农户调查以及对江西 6 个县专题补充调查中感觉到，目前在集体林权制度改革主体阶段已经完成的省份，每个县的各种专业合作组织在数量上发展非常迅速，而且各县有攀比之势，这一方面有来自上级行政部门压力的因素，因为上级部门希望基层各县（市）按照中央和省里的统一部署和要求，尽快把林业专业合作组织建设作为林权制度改革的重要配套政策迅速地建立起来，以应对社会对林地细碎化及森林保护和经营效率问题的关注，同时缓解实际存在的社会压力。在上级政府的推动下，各县（市）各个类型的林业专业合作组织迅猛发展，呈现一派大好形势；另一个重要的因素是林业融资和木材采伐管理的需要。林权制度改革后，林地过于细碎化不利于组织实施规模化的林业工程建设项目，通过组织林业专业合作组织可以较低的交易谈判成本实行林地集中，有利于林业工程项目的立项、实施、资金投放以及质量管理，同时，林地细碎化给林木采伐管理带来的现实困难，组织林业专业合作组织的建立，可以比较好的实施木材采伐管理的相对集中审批和监督管理，有效降低监督管理成本，同时可以兼顾部门利益最大化。例如，我们在江西、福建、四川、湖南、广西等省（自治区）相关县的调查中发现，林业局利用木材采伐指标的分配权“引导”农户林地向企业和大户集中，农户将自家的林地流转给当地大企业（多数是林业局下属或者有直接利益关系的公司企业或者林业大户），那么，农民便可以不必担心木材采伐指标了，公司负责采伐指标并组织木材采伐作业，这样农民用林地经营权换得了木材采伐的便利，公司则实行了林地规模化目标。否则，农户要获得大量采伐指标难度将非常大而且成本昂贵。在有些地方，如在江西遂川县，竹林采伐也出现同样的情况，林业局无法通过控制采伐指标来影响农户竹林地流转，竹林不存在采伐指标的限制，但是林业局通过限制竹材运输出县（市）许可证来达到同样的“引导”效果，农民无法获得竹子外销运输许可证，只有将原竹买给本地竹子加工企业，即使外地原竹价格高于本地，农户也难以外运销售。在政府干预的情况下，有的农户就干脆将竹林地流转给企业，与企业联合经营。这一现象在南方集体林区的福建、湖南等省林区也比较普遍地存在。在有的地方，政府还鼓励林业部门通过采伐指标和竹木运输证等行政手段“鼓励”农户林地与企业联合经营。因此，从整体上看，林业专业合作组织的形成过程中尤其是形成初期政府直接或者间接干预痕迹比较明显，比如政府通过工程项目立项、木材采伐指标分配向林业企业、专业合作组织以及林业大户倾斜，进而促进林地联合经营。但是，根据我们从农户、林业专业合作组织以及政府三个层面的直接接触情况看，目前林业专业合作组织建设和发展过程中还存在一些不容忽视的其他问题。

二是农户认知水平与预期有很大差异。本研究设计了一份简单的问卷，了解江西省的6个县随机150农户对林业专业合作组织的认识水平，结果见表7-1。根据目前对林农专业合作组织尤其是农民专业合作社的理解和认识，有大约64.4%的农户不知道有林业专业合作组织一说，有79.2%的农户对林业专业合作组织的功能、作用不了解，只有25.6%被访问农户听说过林业专业合作组织，而且主要是从村干部或者本村林业大户那里得知，有11%的农户知道林业专业合作组织是为了解决林地分散后规模化经营问题。在对加入了林业专业合作组织的49户农户访谈中，只有5.2%～7.3%的农户收入有增加，而且收入有增加的主要是从事经济林或者园艺果业的农户，少数农户是从林木采伐收入中得到了额外收入，加入林业专业合作组织后，木材采伐更多了，因此，收入增加的部分主要来自增加的木材采伐数量。当问及是否愿意将自家的资金投入到林业专业合作组织时，90.2%的受访农户表示不愿意，但是他们愿意把自己的林地作为股份投入到专业合作组织，但是不愿意投入现金。在3.9%的愿意投资的农户中绝大多数是村干部或者是林业专业合作组织中的核心成员，他们的林地股份在合作组织中的比重比较大。当然，对于不同类型的林业专业合作组合，农户在认知态度上呈现一定程度的差异，对生产周期短，效益好的短平快经营对象的林业专业合作组织，农户的认知和参与程度相对要高一些，而对造林、营林等生产周期长、效益慢的项目，农户的参与热情普遍不高。其实，不仅仅是农户认知水平有很大的差异，在我们访谈的乡镇和行政村层面，那里的工作人员对林业专业合作组织的性质、地位、作用和管理都不甚了解甚至很陌生，对已公布实施的《农民专业合作社法》更是知之甚少，对推进林业专业合作组织缺少热情，认为那是农民自己的事情，与自己工作没有什么关系。有的受访干部认为，目前各地推进的林业专业合作组织搞的是“一窝蜂地政绩工程”，大多数“有形无实”有牌子没有人的“空壳”，其成立的目的是为了“套取”国家资金和银行贷款，也有的是为了给企业和老板们“圈地”服务的，农民主动参与的积极性不高，多数农户是“被合作”的。

表 7-1　农民对林业专业合作组织的认知程度

单位：%

认知内容	不知道	听说过	其他（不回答）
是否知道《农民专业合作社法》?	93.3	3.5	3.2
是否知道林业专业合作组织?	64.4	25.6	10.0
林业专业合作组织是做什么的?	79.2	11.1	9.7

认知内容	没有/不愿意/%	增加比较多/愿意/%	有很少的增加/不表态/%
加入林业合作组织后收入增加了吗?	87.5	5.2	7.3
是否愿意将自己的钱投到专业合作组织?	90.2	3.9	5.9

从调查中还深刻地感觉到，在山区尤其是深山区，大部分农户的思想认识相对落后，对合作经营存在顾虑。由于我国农村合作经济在20世纪五六十年代走过一段弯路，年龄稍长一些的农民对合作扩大化带来的消极影响仍然记忆犹新，再加上基层管理部门对新型合作组织的宣传不到位，很多农户担心合作经营实质上是重新回到集体经营的老路，故而对股份合作林场的发展没有信心，而在江西、广西等省（自治区）少数县（市），由于历史上发生过因政府干预引发的企业侵害林农利益的群体事件发生，致使林农对企业联合造林心存排斥。此外，农户家庭中的“等、靠、要”思想还比较严重，自我发展的意识极其薄弱。普通农户往往把能否争取到上级部门的政策和资金扶持作为评价管理者能力的标准。尤其在股份合作林场的发展遇到困难的时候，包括管理者在内，大家都希望政府能出面解决问题，而不是通过自身努力寻求发展出路。再就是农民的民主管理意识和能力淡漠。民主控制是合作组织建立的基

本原则，然而在实际的操作过程中，民主大都流于形式，多数有合作社领导（主要是村干部）和联合经营的企业等强势方说了算，而农户缺少民主管理能力。这种现象一方面由于社员自身的管理水平有限和信息获取不充分，但更主要的是参与管理的意识淡薄。

三是内部治理结构的不规范、不合理。在对全国9省（自治区）村级调查情况来看，大多数地方的林业专业合作组织虽然都拟定了章程，成立了理事会等组织机构，但有的只是挂了一个牌子，林农参与的主体意识不强，组织没有固定的收入来源，如缺乏政府扶助，合作组织很难运转，如我们所调研江西婺源、靖安和浮梁3县的林业“三防”协会，在前期市、县、乡提供3 000元启动经费后，勉强运转了一年，现大多数已流于形式。在很多林业专业合作组织，村干部担任主要管理人员，使合作组织带有了一定的行政色彩，致使村干部有可能在政治利益的驱动下做出不利于合作组织发展的行为，实际存在少数人控制的现象。而占多数的普通社员与合作社之间利益连接不紧密，没有形成真正的合作机制，很难做到真正的民主管理；有的不是真正意义上的合作社，入社社员已将原有山林流转给了专业合作社，获得了一次性转让收入后就失去家庭经营的基础，只是作为合作社的雇工而存在。在对湖南省靖州县芳团村三组股份合作林场案例研究中发现，林业股份合作林场内部存在宗族内外的利益冲突。由于农村小聚居的生活方式，造成了农民合作组织内的成员存在一定的地缘或血缘关系，这种关系的存在虽然在社员发动和组织上给合作社的组建带来了便利，然而却形成了以宗族势力为代表的小集团利益。一般情况下表现为宗族内和宗族外的利益冲突，宗族内的社员往往依靠大家族的背景侵害宗族外社员的利益，或者逐渐排挤宗族外社员在管理层的地位。同时也存在着一般社员间的利益冲突。社员在折股入社时，有的是只看林地面积，不看资源好坏，使得林地资源好、面积小的社员与林地资源差、面积大的社员产生利益冲突，即使入社时按照资源好坏和多少来折股入社，由于没有请专门的评估机构进行评估，存在折股不公平的现象，这样就造成一般社员之间因折股问题而产生了利益冲突。

四是管理人才缺乏。由于目前林业专业合作组织的牵头人，大多是一些农村能人、专业户和林业大户，多数属于传统农民，学历不高，眼界不新，缺乏林业专业知识和创新意识，单打独斗可以，但要上个台阶，管理经营则往往不在行。与此同时，由于林业是弱势产业，许多年轻的专业技术人才并不愿意投身到林业合作组织中来，因此专门的管理人才和技术骨干一直处于紧缺状态，使合作组织发展后劲不足，特别是在技术引进、经营管理、市场开拓、信息收集以及经营网点分布等方面，都无法与专业化大公司抗衡，无法在市场竞争中取得竞争优势，很大程度上制约了林业专业合作组织的发展壮大。根据我们的了解，林业专业合作组织的牵头人在经营管理方面就有所欠缺具体体现在以下三个方面：首先，风险意识较差。我们从福建和江西省部分合作林场案例调查中发现，一些股份合作林场的规模不断扩大，并且由于收益增加的刺激，管理者一心想把“摊子”铺大，却忽视了经营过程中存在的市场和政策风险，另外，他们普遍地都注重眼前利益。林业具有生产周期长的特点，这就决定了林业合作组织不能过分追求眼前利益，但是多数管理者往往没有长远的眼光，急于要求在3～5年内得到丰厚的收益，缺乏长期的规划，致使合作组织发展后劲不足。第三，管理观念落后。这主要体现在对制度的执行力上，由于总是不自觉地把人凌驾于制度之上，致使大部分管理规章不能真正起到对人的约束作用，其直接表现就是权力过分集中在极个别人手中，民主往往流于形式，监事会也不能起到监督作用，这一现象与组织的行政化结构模式有密切关系。

五是资金投入相对不足。对比江西省各类林业专业合作组织近几年累计投资和2009年当年完成投资情况，结果表明，只有民营林场有比较大的投资活动，平均每个林场累计投资216.30万元，单位面积累计投资300元，2009年分别是55.87万元和100元，且在所有的11个设区市中，民营林场的投资均呈现活跃的态势，景德镇、宜春、鹰潭和上饶4个设区市投资总量和单位面积投资密度处于前列。从调查的6个样本县（市）的情况来看，每个林场的单位面积累积投资额均大于全省平均水平，其中又以浮梁县最高（表7-2）。这些说明，民营合作林场在资金投入方面有明显的优势。

表 7-2 江西民营林场资金投入情况统计

单位：万元，个，亩

地区	单位个数平均累计投资	单位面积平均累计投资	单位个数平均 2009 年投资	单位面积平均 2009 年投资
全省合计	216.30	0.03	55.87	0.01
南昌市	73.33	0.00	23.33	0.00
九江市	64.45	0.01	27.48	0.00
景德镇市	466.67	0.16	133.33	0.04
萍乡市	72.43	0.02	17.75	0.00
新余市	243.18	0.10	84.18	0.04
鹰潭市	533.60	0.09	52.00	0.01
赣州市	189.56	0.04	30.05	0.01
宜春市	502.24	0.07	210.59	0.03
吉安市	290.33	0.06	71.60	0.02
上饶市	504.33	0.05	189.72	0.02
抚州市	40.89	0.01	8.00	0.00
浮梁县	666.67	0.25	166.67	0.06
靖安县	416.67	0.14	416.67	0.14
吉安县	98.89	0.03	31.78	0.01
上高县	7 590.00	0.11	7 590.00	0.11
新建县	100.00	0.20	25.00	0.05
婺源县	1 300.00	0.11	200.00	0.02

但是，民营林场在吸纳林农参与度方面呈现明显的弱化现象，绝大多数林农被排斥在林场之外，而且林地流转多数采取买断或者租赁方式；大部分林业专业合作组织，例如在林业专业合作组织中在数量上占绝对优势、林农参与程度最广泛的林业“三防”协会、林业专业合作社

等，这些完全或者由普通林农为主体组成的合作组织，成员本身就是社会相对弱者，股金筹集非常有限，均因严重缺少启动资金或流动资金，致使只能开展一些低成本、低水平的纯粹互助性活动，如统一护林、代买肥料、统一订货等，合作组织生产和规模的发展缓慢。

六是政策扶持缺乏。对林业专业合作组织给予多方面的支持，是国际上通行的做法。特别是在融资、税收等方面，应该得到政府的重点支持。在我国，中央和各省的一系列文件都强调要加大扶持发展农民专业合作经济组织，但目前的扶持力度仍然跟不上林农合作组织发展的需求，尤其是市、县两级具体的、可操作性强的扶持政策少。各部门之间工作协调不好也容易阻碍林农专业合作经济的发展。从实际具体政策上看，尽管国家财政每年都拿出不少资金扶持农民专业合作组织的发展，但国家扶持资金基本上没有落实到林业行业；在融资和税收方面，林业专业合作组织也没有明确有关优惠政策。当前，林农专业合作经济组织大部分处在建立阶段，资金需求量大，尽管在创办期间有些村委给予了创办经费。但各级扶持专款资金量不大，且分头管理，难以形成合力，仅凭股东个人的借贷难免遇上周转不灵的情况，而向信用社等正规金融机构借款则手续麻烦而且贷款额度有限，远不能满足组织发展的需要。如我们调查的 9 省中的江西、福建省一些竹业协会的农户还普遍反映林权贷款难的问题，尤其是联户的林权证，贷款需要联户中的所有农户签字，但因联户间存在贫富差异，会出现签字意愿不一致的现象，就影响联户中需要贷款的个别农户的营林资金投入。同时普遍认为小额贷款额度少，手续繁冗，这又进一步限制了协会经营竹山的资金投入。为此，2009 年 8 月 18 日，国家林业局发布《关于促进农民林业专业合作社发展的指导意见》，将在 7 个方面加强对农民林业专业合作社的政策扶持：将从优先承担林业工程建设项目、合作社基础设施建设、承担科技推广项目、创建知名品牌、开展森林可持续经营活动、多渠道融资和森林保险以及实行财政和税收优惠政策。农民林业专业合作社成员采伐自有林木的，应当降低或免征育林基金。但是这些政策仅仅是一个指导性意见，缺乏强制执行力，而且这些政策实施必须以各级政府的财政、税收和发展改革部门支持为条件，而且从林业部门自身来看，对林业专业合作组织减免林业行政性收费的政策也没有得到执行。从实际操作性来看，要把国家林业局这 7 项政策的全面落实到位还有许多工作要做。

从实地调查情况看，地方政府在推进林业专业合作组织建设方面还没有建立起长效机制，正如前所述，目前主要用木材采伐指标、运输证等行政手段间接推进，而在财政、税收等方面还缺少实质性的激励政策，相应的约束管理机制还相当缺乏。

8 林地分散经营，通过何种途径实现联合经营,进而实现规模效益的政策建议

8.1 充分认识林地联合经营现实困难性和渐进性，审慎推进林地联合经营

在本项目研究的文献分析阶段关于西方发达国家小规模林业发展历史及林地联合经营问题的分析中，我们发现，在很多国家，林地合作经营组织并不是万能钥匙，甚至在那些合作已经成功几十年的国家里，合作组织并没有能吸引到全部的林业主。例如，在芬兰，所有的林业主需要根据法律来进行合作，参与率为75%。在瑞典，拥有成千上万的林业主的组织也只是吸引了约一半的非产业私有林业主，更多的家庭选择了小规模自我经营模式。在日本，大约1/3的潜在林业主，1/4的潜在林地也没有加入合作组织。在德国南部的巴伐利亚州，只有24%的林业主加入了合作组织。很明显，林业合作并没有万能的吸引力。这表明林业合作经营模式并不是用来加强林业联合经营公认的万能解决方案。

在我国，政府在努力推进林业专业合作组织，并突出林业专业合作组织在联合经营模式中的主导地位，从目前情况来看，各地普遍存在林业专业合作组织发展过快，组织不规范、流动资金缺乏、分配机制不明确等问题。从国际小规模林业发展历史轨迹来看，工业化、城市化进程必然带来农村农业人口的减少以及农村工业化步伐的加快，但是这并不必然地带来农村包括林地在内的土地集中和规模化经营水平的快速提高。实际情况是，农村土地规模化发生和发展进程总是要大大滞后于工业化和城市化的进程。这似乎说明，工业化进程可以成为影响林地联合经营的宏观因素，决定着林地从分散经营逐步向规模化经营的发展方

向，而工业化因素之外的微观主体以及政府现实政策因素则是决定着林地由分散经营向规模化经营转变的速度和进程。

从宏观上看，我国整体工业化、城镇化进程远远落后于西方发达国家，农村工业化水平更加落后，不仅如此，我国不同区域工业化水平非常不平衡，中西部省区工业化和城镇化水平远远落后于东部沿海经济发达地区，山区和林区的工业化水平就更低。我国工业化和城镇化进程依然是一个漫长的过程，山区林区工业化和城镇化进程则更加漫长。在这一条件下，过早地大规模推进林地联合经营进而实现林地规模经营的客观条件并不具备。因此，在推动中国林地规模化经营中，必须克服盲目乐观、运动式推动的做法。

从理论上看，以产业化、集约化经营为特征的林地规模化经营有利于提高林地生产力和林产品产出，增强我国木材保障能力。但是，从实地调查和数据分析结果来看，林地细碎化并没有给林地投入和产出带来十分显著的削减效应，相反，在有些地方，例如四川、江西两省的农户调查中发现，林地分户后，农户栽种了一些经济价值好的竹子、杉木和桉树后，农户显著地增加了对林地施肥、砍杂（地方俗语叫“砍荒荒”）以及防虫、管护投入，这在过去集体经营条件下是不可想象的。而且，以农民为主体的各种林业专业合作组织在理论上有这样那样的好处，但是这些好处的产生需要具备很多现实的条件，如果条件不具备，再好的模式都难以为林农所接受。因此，林地能否集中、如何集中以及什么时候集中？在很大程度上取决于林农这一微观主体的意愿及其现实选择。从调查分析的情况来看，在全国范围内大规模推进林地规模化经营的微观民意基础并不牢固。

从目前的情况来看，农民加入林业联合经营体的案例在全国各地都可以找到，其联合模式呈现出明显的多样性，有的模式还带动了林业产业的发展，实现了企业、农户主体经济收益的“双赢”格局。但是，从整体上看，农民主动选择与其他主体联合经营林地的意愿并不强烈，其中的主要原因可能有：

一是经济因素。从 2003—2009 年，农户家庭林业收入一直保持 9%的增长速度，在有的省份，农户家庭林业收入超过了 10 000 元，最高的超过了 20 000 元（表 6－8），说明以家庭经营林地可以给农户带来可观的经济收入，而且，对于经营经济林地或者速生丰产林地的农户来说，放弃部分或者全部的林地经营权，显然在经济上是不合算的。随着国家对林业各项政策性补贴政策，如生态公益林补助、工程造林补助、中幼林抚育间伐补助、紧急救灾补助以及林产品税收减免政策的实施，相当一部分农户每年可以获得额外且比较稳定的林业补贴（表 6－17，表 6－18），且政府提供的林业补助在功能上逐步向农村社会保障性质转变。从我们的调查情况来看，包含林业各项补贴在内的林地经营收入在农户家庭总收入中的比重一直维持在 20%左右（表 6－9），林业并没有成为农户家庭经济收入的主要来源，但是，从收入的绝对数量上来看，对于山区和林区农户家庭而言，这一比重并不算太小。2003—2009 年的 7 年间，农户家庭林业收入年增长幅度保持在 9%（表 6－9），相对于非农收入来讲，这一速度并不算快，但是就林业经营的长周期、见效慢的特点来看，这一增长幅度其实并不算缓慢。另外，随着集体林权制度改革向纵深推进，林地资源市场价格一直保持着上升的趋势，如江西、四川、福建、浙江等省的调查中发现，林地、林木市场价格出现了快速攀升的趋势，这一方面增强了林农流转林地的经济动因，加快了林农出售林地的选择力度，但是，价格快速上升，也增强了林农持林待售、待价而沽的心态，迟缓了林农流出林地的决策速度；另一方面，林地资源市场价格的上升，也同时增加了林地流入方的经营成本。家庭经营林地的经济收入在农户家庭收入中的比重以及林地资源市场价格的上升，提高了林地流转集中和规模化经营的交易成本，也能在相当程度上影响农户联合经营林地的意愿和现实选择。

二是林地资源增长的自然属性。在农户调查中发现，农户家庭水平上的林业经济收入的多少和林农投入劳动力和资金的多少没有直接的线性关系，即使没有林业投入的农户，林农也可以从林地上产出一定数量的林产品，如木材、竹子等。实际上，在现有的集体林经营水平上，一般用材林林地经营并不依赖高技术和密集资金的投入，主要取决于劳动力投入强度，比如抚育、看护、采伐以及更新等。在调查中进一步发现，即使农户对林地的劳动力投入和资金投入为零时，在较好的生境下，由于自然力的独立作用，林地也会有较好的自然产出，这一点恰恰是林地投入落后于农地投入的内在原因（表6－22、表6－23），即当无劳动投入时，林地一般不会产生经济惩罚。林地自然产出特点，是农户不愿意放弃林地经营权也不愿意加大投资的重要原因之一。

三是收入替代效应。林农是选择联合经营还是家庭经营，在很大程度上决定于两种模式收入效应的差距，即联合经营替代家庭经济收入效应的大小。当农户采取联合经营所能带来的收入显著地超过家庭经营，那么，农户会考虑选择与人联合经营林地，相反，农户则趋向于持有林地。从实地调查以及历史经验来看，尽管少数地方出现了林地联合经营给农民收入带来显著增长的个案，例如福建省的案例，但是，从整体上看，不同区域的林地联合经营模式比较普遍存在投资投劳不足（如林业股份制林场、林业专业合作组织）、资金使用不规范、林业产出效益低（如福建、江西省的村组经营）、收入分配不透明、不公正（如江西省铜鼓县以及福建省的遂昌县）等问题，农户从联合经营体中能够得到的经济实惠并不能显著地高于家庭经营。从实地调查的整体情况看，无论是林地单户经营还是联合经营，农户经营林地的经济收入并没有出现整体性增长，一些地方林农加入林业联合经营体，例如与林业企业联合后，木材采伐指标更容易获取，出卖木材的数量显著增加，收入呈现显著增长的情况。因此，拥有成熟林的农户可以从联合经营中获得收入，成熟林少或者没有可采伐成熟林的多数农户则无法通过联合经营得到现实的好处。在一些地方，如四川省，生态公益林在保持农户产权、集体联合经营情况下，生态公益林补助更难以落实到农户家庭，容易出现村组截留挪用等现象，大大挫伤林农联合经营林地的积极性。

四是传统观念因素。在对农民林木和林地流转的动机和态度调查显示，在林木和林地市场流转价格上升的环境下，农民出卖山林主要是看中眼前相对高的经济收入。即便如此，也不是所有的农户都愿意出让自己刚刚到手的林地和林木。对于一些家庭经济条件好的农户来说，林地和林木是属于自己的家产，变卖家产既违背了守护祖产的传统家庭道德观念，也没有现实的经济紧迫性和必要性。所以，这些家庭始终不愿意转让自己的林地资产，哪怕是小片林地，也都选择让林地自然发展，而不愿意出让给他人。其实，在广大的农村地区，由于受传统相对保守观念和思维方式的长期影响，农民将林地和林木看成“祖产”的思想观念十分普遍。林权制度改革后，农民第一次真正地获得了近乎完全产权的森林资源，使得这一观念得到了进一步强化和固定。农民自我经营或者任林地资源“闲置”的偏好，在相当程度上加剧了林地规模化经营的难度。

五是农村家庭因素。在村级调查中发现，当前农村劳动力非农就业比例呈现逐年上升的态势，非农收入已经成为农户家庭收入的主要来源，但是，农户家庭收入来源结构的变化并没有对农户家庭数量产生实质性的影响，农村并没有出现农户家庭户数减少的趋势，相反，由于农村家庭“分家”传统以及青壮年劳动力非农就业机会增加所带来的经济独立能力的提升，加剧了新一代农民脱离原有的大家庭，寻求单独成家立户的愿望，因此也出现了农村农户家庭户数增加的趋势。农村家庭户数的增加在一定程度上加快了林地资源的二次细碎化，缩小了单户经营林地的规模，进一步增加了林地集中规模化的交易成本。

六是认知因素。调查发现，农民对集体林业统一经营特征的记忆非常深刻，而且对传统集体经营林业的弊端了如指掌，农户痛恨过去集体林地统一经营中存在的决策不民主、收入分配不透明、不公正的现象，对集体统一经营心存厌恶之感。林业“三定”后，在南方很多地区，如江西、四川、湖南及山东等省，集体林地实质上一直以家庭经营为主，并持续了近30年时间，期间尽管有工商业资本进入林地经营领域，比如林产工业资本进入收购兼并国有、集体和农户家庭林地资源，但是，由于在林地规模化经营过程中，存在政府干预过度以及腐败等因素，林农在联合经营体中获得的经济收益很低且不稳定，利益得不到切实的保障，例如在我们调查中了解到的福建三明市早期的林业股份制经营以及江西铜鼓林业公司与林农的合作模式，都不同程度地存在侵害林农利益的现象。不仅如此，在新近出现的不同类型林业专业合作组织中，有些地方林农得到了比较好的经济收益，比如山东省一些县市以苹果、水蜜桃、茶叶等经济价值高、生产周期短的林产品为核心的林业专业合作组织，农民依托这样的组织获得了技术、市场和产品信息，因此，农民对该类型的林业专业组织的认同程度高。但是，在更多地以乔木林经营为主的省区，如江西、福建、湖南等省，农户对林业专业合作组织作用的理解还停留在解决资金缺口的层面上，农民参加专业合作组织的动机也大多出于这一考虑，如果林业专业合作组织不能帮助解决资金供给短缺问题，那么，农民对参与林业专业合作组织的积极性将会大大降低。同样，调查也显示，农民对与工商业资本联合经营林地的态度也是十分模糊和不稳定的。大多数农民认为，与大资本合作，自身总是处于弱势地位，农民希望有一个能够代表自身利益的正规组织作为中介人与企业建立平等的经济法律关系，于是，各种林业协会、林业专业组织应运而生。但是，由于林业专业合作组织运行管理还处于非常不规范状态，一时还难以成为农民完全信赖的可以帮助农民规避市场风险的组织。这样，农民在与企业合作的时候，往往采用卖断林地使用权的方式退出林地经营活动，很少有人愿意选择不放弃林地经营权与其他外来主体联合经营方式。这也是当前我国集体林地难以实现真正意义上的联合经营的重要原因。

另外，从实地调查及数据统计分析结果可以看出，农户非农就业以及非农收入已经成为农户家庭收入的主要来源（表 6－7），农林种植业已经非常明显地成为农户家庭的兼业行为，即便农户投资林业的资金数量和意愿都有所提高，但是相对于收入和生产性支出总量而言，林农投资林业的积极性普遍很低。不仅如此，绝大多数真正愿意放弃自家林地的经营权，或者彻底脱离林业生产经营的农户家庭数量仍然非常少，即便是保持林地产权控制权的林地股份合作经营的农户意愿也不强烈。这一现象并不奇怪，从农地规模化经营的历史经验来看，农地流转和规模经营取得实质性突破的时点往往发生在农户农林业收入占家庭收入比重显著下降以及农户数量显著下降拐点的数十年之后，尽管农户家庭农业收入已经进入了比重下降的通道，但是中国至今尚未进入农户数量的下降通道。相反，在现有的户籍管理制度和城乡人口社会福利制度的约束下，即便农户有一些非农就业和非农收入的渠道，但是，这些渠道的可靠性还难以在短时间里达到让农民彻底摆脱对包括林地在内的土地依赖的程度。尽管，从调查的情况看，农民似乎可以在经济上独立于林地资源经营活动，但是在心理上要完全独立于对土地的依恋则是一个漫长的过程。由此看来，中国林地分户经营将会长时期地存在，小规模林业有可能在相当长的时期里占据中国集体林业经营方式的主体地位，相应，林地流转和规模经营必将是一个长期而缓慢的历史过程，而不是一蹴而就的。因此，仅以农林业就业人口迅速减少以及林地细碎化的规模不经济性理论作为依据，并据此主张当前中国应当快速推动林地流转和规模经营的理论观点是值得商榷的。

从政府现实政策来看，尽管政府已经出台了鼓励林业规模化经营的宏观政策措施，但是由于我国集体林业改革和发展进程在区域之间存在巨大的差异性，林地联合经营又牵涉千千万万的林农个体经济利益，宏观政策的有效实施及其完善同样也是一个比较漫长的过程。从调查情况来看，不同区域的地方政府对于鼓励林地联合经营的认知和重视程度存在较大差异。一些地方政府出台相关政策，但是缺少实质性的资金支持，缺乏可操作性，有的地方出台政策，迅速成立各种各样的林业专业合作组织，其重要目的是希望得到中央政策或上级政府的财政资金支持，实际上是“有名无实”。整体上来看，我国从中央到地方，鼓励林业联合经营的政策体系并不完整，政策有效运行机制仍然不够健全。

为此，我们建议，在推进林地联合经营过程中，为了有效防止林业联合经营组织“一哄而上”、“有名无实”的现象，必须坚持市场机制与行政手段相结合，科学推动林地规模化经营。林地的集中与规模经营应必须以农户自身为主体，突出市场配置资源的作用，用市场手段调节林地流转行为，鼓励林地经营从低效益的分散经营向高效益的规模经营转变。但是这并不表示政府就可以放任不管。在充分发挥市场机制调节作用的同时，政府也应当适当地介入以解决市场本身无法解决的问题，如对农民进行有针对性的培训以提高其素质，提供林权交易平台，发布市场信息，加强基础设施建设，为林地联合经营发挥规模经营效益创造良好的外部条件。总之，政府既不能完全放手，听凭市场来调节林地的集中，影响林地联合经营的应有进程，也不能过分干预，完全取代市场机制的作用，人为强制推动林地联合经营，避免跨越现实条件的不切实际地发展林地规模化经营。政府应当坚持有所为，有所不为。

8.2 因地制宜，不拘一格，推动林地联合经营模式多样化发展

在此前完成的文献分析与回顾中发现，尽管世界各国在推进林业联合经营进程中遇到了这样和那样的阻力，但是无可否认，世界各国有为数不少的小规模林业主纷纷加入了各种各样的林业联合经营组织，并从中获得了实在的好处，如资金、信息、公共设施服务、金融以及政府补贴等，私有林主联合实行规模化经营也在相当程度上提高了林地产出效率，改善了区域林产品供给能力，增加了小林业主经济收入，带动了当地社区经济和社会发展。国际经验也表明，相对于农户分散的小规模经营，林业联合经营可以在不同程度上克服分散经营的风险，而且有利于社区建设和公共服务事业的发展。而且，国际经验也表明，林地联合经营形式从来就没有一成不变的模式，即可以是小林业主之间的联合，可以是大商业资本和小林业主之间的联合，也可以是多种主体之间的联合，而且不同的联合模式取决于林地和林业主所处的自然和社会经济环境条件，只要是为当地林业主选择并积极参与的形式通常是适合的，也是最好的。

从此前的文献分析中，可以发现，自林业“三定”以来的接连30年的时间里，无论是学界还是政府层面，对分户经营所带来的投资不足、经营水平低下等弊端均表示了忧虑，尤其是在当下以工业化和城镇化为标志的中国现代化进程快速推进中，人们对中国林业工业化的热情前所未有的高涨，对林地规模化经营的期待比以前任何时候都要高。此外，作为集体林业经营最庞大的主体农民来说，工业化、城镇化带来了巨大的非农就业机会，越来越多的青年一代的农民放弃农林业生产活动，甚至离开农村进入城镇定居生活。以致我们在江西、四川省的调查中发现，一些年长的村干部提出：“再过10～20年，农村是否还有农民种田看林子了”。如果这一疑问成为现实，那么，在人少林多的山区和林区，分户经营的林业生产和管护的组织模式是否必然地发生巨大变化？从国际经验以及我国南方集体林区已经出现的规模化经营实践来

看，在某些地区的某个时点上，以集中管护为主要特征的林地规模化经营取代分户经营形式而成为集体林业经营的主导模式，完全是有可能的。

从调查的情况来看，以股份合作形式为特征的林地联合经营模式在福建、江西、湖南等省得到了一定程度和规模的发展。以亲情、友情、资金、技术为纽带，组建的家庭林场、股份合作林场、专业协会等林业联合经营组织，成为当前林地联合经营的主要模式。其中，股份合作林场乃是目前南方集体林区比较常见的联合经营模式，也是地方政府鼓励采用的形式。这是因为林权入股对于发展集体林业经济具有两个方面的优势：一是林权制度改革后，林权呈现前所未有的分散状态，不利于形成规模经营，通过入股形式可以将农村每家每户的林地使用权变成资本与其他形式的资本联合起来，在短时间内就能迅速形成经营规模和资源产业基础。通过入股方式，以林权为纽带建立起林业合作经济组织，可以比较好的实现“林权分散，经营集中”的目标。二是可以有效防范林农失地带来的社会问题。实行林地股份合作，农户以承包经营权做股权，可以保持林农林地承包经营权的长期稳定，又可以以股份的形式实现林地“社会化利用”，使林农拥有长期稳定的林地收益权。入股在实践中主要有股份合作林场、公司加农户等形式。股份合作林场可以有效实现林业规模化经营，降低林业生产成本，提高林业产出效益。

在有些地方，例如浙江、福建、江西、湖南、广西等地，也出现了林业龙头企业、大户与林农建立的新型联合经营关系，形成了“公司＋合作组织＋农户”的合作经营模式，比较好地促进了林业产业化经营，该模式即投资者出资金、技术，农户出林地联合开发，经营活动主要由投资者负责，收益按约定比例分成，有的是给以土地所有者一定的木材或木材折款作为分成，分成比例有二八分成也有三七分成，林地入股一般占20％～30％，投资者占70％～80％。这种经营形式风险共担，利润共享，主要适合于速生丰产林基地建设。

正如此前文献分析中所阐述的那样，林地联合经营不同模式都存在相对优势，同时也存在一时难以解决的问题，因此人们对林地联合经营模式有不同的评价，褒贬不一。总体上看，我国南方集体林区各类林业联合经营组织绝大部分是在“十五”中后期发展起来，且主要分布在集体林权制度改革较早的地区以及林业产业发展相对较好的地方。林农联合模式从初期的“互助组”到“三防”协会模式，进而从简单的森林资源保护合作向经营方式合作发展，并以不同的名称出现，例如民营林业造林公司、民营林场、林业专业合作社、村民企业合作公司等多种形式。而林权制度改革相对滞后以及林业产业落后的地区，林地联合经营的推进工作遇到比较大的阻力，林地规模化经营进展缓慢。

应该说，我国早期已经存在多样的林地联合经营形式，为后续林地联合经营模式选择和政策设计提供经验。例如，在南方集体林区林业产业基础比较好的地区，例如浙江、江西、福建和湖南等省，政策设计上应当重视扩大工商业资本在林地规模化经营中的引导作用，面向企业制定相应的激励政策，鼓励企业进入营林环节，提升林地长期生产力；在林业产业相对薄弱、农村贫困人口比较集中的省区，如贵州、四川等深山区，政策设计上应当重视培育农户林权在林地联合经营中的主导作用，鼓励农民以林权和劳动力为条件，建立家庭林业联合经营体；在自然条件恶劣，森林资源缺乏的地区，如西北地区的陕西等干旱半干旱地区，森林资源的主导功能是生态防护，政策设计上应当突出森林管护任务的特征，鼓励农户建立类似江西的“三防”协会那样的林业联合管理体，以减少单户森林管护成本过大的问题。总之，在政策设计上应当坚持不同模式同等对待的原则，在政策资源的投入上，应当一视同仁。只有这样，林地联合经营的模式才有可能在不同区域、更大范围上得到更为全面的实践检验，并最终能够形成稳定的具有区域特色的中国林地联合经营的模式体系。

8.3 政府引导，典型示范，规范运行，提高林农参与林地联合经营的积极性

从国际经验来看，小规模林业走向联合规模化经营的道路并不顺畅，即便是在日本这样一个林业专业合作组织高度发达的国家，林地联合经营一开始也非一帆风顺。无论是西方发达国家还是发展中国家，政

府在推进林地联合经营过程中的引导、组织和示范宣传作用始终是不可或缺的，尤其是在林地规模化的初期，政府或者社区的作用显得更加突出。

在我国，几乎所有的由工商资本介入的林地联合经营活动，从一开始就存在政府主动参与，如果离开了政府的干预，商业资本就很难进入集体林地市场，也就根本无法实现企业与林农的联合经营，例如我们在江西、广西和湖南的调查中就发现，大型企业介入集体林地经营的前提条件是地方政府尤其是林业部门的支持。即便是以林农为主体的股份制集体林场，以及以森林保护为主要活动内容的林业协会，其成立的重要动因来自政府的要求和鼓励，而非林农自觉的行为。

整体上看，在以农业生产为主的山区和林区，林农主动参加林业专业合作组织的内生积极性并不高，即使是一个看上去非常有经济前景的林业联合经营项目，如果林农没有亲眼看到项目的实际收益，林农则不会冒这个风险。实际上，最大限度地规避风险是我国农民最基本的特性，在对农户风险意识问卷调查中已经充分地感受到了这一点，更进一步的调查分析表明，农民之所以不愿意冒在别人看来并不算大的风险，并不是因为他们胆小怕事，最主要的原因是因为农民抵御风险的经济能力过于低下，另一方面也和长期生活在相对封闭的农村环境有一定的关系。

基于以上考虑，如果要在集体林区向林农推行一些成功的林地联合经营并达到吸引他们参与进来的话，对于政府部门来说，最需要做的事情就是抓典型、树榜样，这也是我国很多地方在推进农地规模化、集约化经营工作中最常用的办法。实践也证明，这样的办法在很多地方是非常有效的。对于林业而言，政府尤其需要做的就是要建设一批林业联合经营示范点，指导林业合作组织依法设立内部管理机构，制定章程，完善财务管理、利益分配、民主决策等制度，促进林业专业合作组织健康发展，同时要着力增强林业产业化组织的带动能力，支持林业龙头企业和林业合作组织采取订单林业、入股分红、利润返还等方式，让林农从联合经营活动中得到实在的经济实惠，并建立自愿平等、利益共享、风险共担的利益机制，与林农形成紧密型经济利益共同体。同时，选择一些规模较大、带动农户多、运作规范、成员增收水平高的林业专业合作组织作为示范单位，重点加以指导，重点在运行机制、内部管理、技术指导、政策优惠等方面总结出经验；在具体工作中，要加强示范项目跟踪指导，深入项目单位，认真解剖典型，及时发现问题，帮助协调解决实际困难。在认真总结试点经验的基础上，扩大扶持试点范围，帮助林业专业合作组织进一步增强为成员服务的功能；对带动能力强、发挥作用大、成员满意度高的专业合作组织，要利用电视、广播、报刊、互联网络等新闻媒体，大力宣传林业专业合作组织的成功典型，宣传热心为民、乐于奉献、带领农民致富奔小康的优秀带头人先进事迹，通过典型示范，吸引更多的农民积极参与，促进组织发展壮大。

政府在引导林农走林地联合经营的过程中，必须十分重视对林农权益的尊重，以往很多不成功的林地联合经营的案例，往往是政府忽视林农合法权益的结果。因此，在引导林地联合经营组织发展过程中，必须坚持以家庭承包经营为基础的原则，坚持林农“进入自愿、退出自由”的原则，不搞强迫命令，不要一哄而起，防止人为“拉郎配”，还要注意把握多样化发展的原则，从实际出发，因地制宜，讲求实效，形式多样，不搞一刀切，引导广大林农以联合经营、委托经营、合作林场等形式，促进适度规模经营，培育和发展一批新型的林业合作经济组织，提高林农的组织化程度。同时，以资金、技术为纽带，通过“企业＋基地或协会＋农户”、“订单林业”等方式，延伸产业链，提高森林资源规模经营和林农的收益水平。

规范的林地联合经营组织管理和运行机制是确保林农合法权益的基础。针对目前各地存在的林业合作组织不规范的问题。政府应当予以必要的政策指导和干预。首先，要营造良好的外部环境，坚持民办性质，明确政府定位。在当前国家有关合作组织的立法出台之际，应根据各地情况，尽快出台有关各类林业专业合作组织发展扶持政策的暂行条例，为合作组织的发展创造宽松的外部环境，主要内容包括：①明确法人地位及注册登记机关；②规定合作组织设立的基本条件，包括参加成员的资格条件、组织成员的最低人数条件、必须满足的章程制定的规定。③对审批、注册的扶持措施；④税收、财政和信贷方面的扶持政策；⑤用地、用水、用电上的支持；⑥交通运输上的扶持；⑥理顺管理体制，明确主管部门等。在推动其产生、发展过程中，政府必须对自身角色正确定位，在发展初期政府要推动但不能强迫；而在发展过程中更多的是需要政府的指导、扶持。其次，要建立示范性的林业专业合作组织，出台示范章程，促其规范运作管理。当前重点是出台一部示范性的《合作章程》，根据章程来引导专业合作组织走向规范化。《合作章程》是健全专业合作组织内部管理的基本手段，也是保证其健康运行的基本准则。第三，要建立健全内部管理机制，规范财务管理，创造条件向信息化发展，从规范运作管理入手，建立健全包括章程、机构设置等在内的内部管理体制和机制。做好财务的规范化管理工作，包括：开拓新的筹资渠道；建立、健全财务制度规范财务行为；加强会计基础工作，建立规范的会计工作秩序；强化单位负责人的执法意识；健全会计核算机构，提高财会人员素质。同时，为了整合内部资源，加快对市场的反应速度，为社员和顾客提供更优质、更便捷的服务，因此，在规模不断扩大、功能较为完善的合作组织，应创造条件推进信息化工作，以提升合作组织的层次和竞争能力。信息化工作包括内部信息化和外部信息化两部分。内部信息化主要是指合作社内部管理的信息化，包括电子商务系统、采购系统、社员服务系统、财务管理系统、销售系统等。

8.4 建立和完善促进林地联合经营科学发展的长效政策机制，保障各种林业联合经营组织有效运行

国际经验表明，政府支持是促进小规模林业主之间联合经营的重要条件。比如欧美国家对实施规模化经营的林业主予以金融、公共服务等额外支持，日本则对林业联合体予以特殊的支持。国外学者无一不认为，政府政策在很大程度上影响着林业主对联合经营的积极性，并强调人们应把注意力集中在私有林业政策手段上，认为政策手段对政策制定和实施都至关重要，处在私有林业政策过程的核心。实践也证明，有效的政策手段可以在很大程度上缓解小规模林业主对林地联合经营所抱有的忧虑，可以激发小林业主选择与他人合作的经营策略。

政府对林业联合经营的政策扶持主要应体现在对林业联合经营者的扶持力度。对林业联合经营者的扶持政策应体现在各项惠林补贴的进一步完善、农村金融贷款形式规模的灵活多样和林地经营的风险防范机制等方面。政府对从事林业生产农户的各项补贴，比如种苗、肥料、抚育、管护（生态公益林）要在现有的基础上提高标准并使之制度化。农村金融体系建设包括设置合理的服务网点，提高金融服务水平，改革信贷管理体制，完善农村金融服务功能等。风险防范机制主要指各级政府应建立完备的林业风险基金制度、林业保险制度和林业救助制度，在林地规模经营农户遭受风险时，能险有所保、险有所靠。具体而言，当前对各类林地联合经营组织的政府扶持政策的重点是：

一是加大信贷支持力度。政策性金融工具是推进土地规模化经营的一条重要的国际经验。目前，我国林业规模化经营正在兴起，各种专业大户、家庭林场大量涌现，它们有很迫切的融资需求，但相应的金融体制还没有形成，有必要发挥政策金融的优势，扶持林业规模化经营。从农户调查结果看，目前，我国林农扩大林业生产的主要困难在于资金的缺乏，在具备林地规模化经营条件的地区，从理论上看，林农联合经营组织相比个体林农而言，能提高林业经营效益，有效化解融资风险，但是实际情况并不容乐观，无论是生产、销售为主的股份制林场，还是以林木管护为主的非生产性林业协会组织，要获得金融支持的难度还相当大。即使是以龙头企业带动、林农参加的林业联合经营组织，在获取银行贷款的时候，也需要以企业的固定资产或者银行存款作为贷款抵押，林地抵押贷款不仅门槛高、手续繁琐，贷款时限短，而且综合成本也高于一般的商业贷款。因此，要提高林地联合经营组织对林农的吸引力，必须建立有优越于农户家庭经营模式的金融支持政策。尽管近几年来，我国农村金融改革步子迈得很大，在优化市场竞争环境上，取到了成效，形成了以农业银行、农信社、村镇银行、小额贷款公司等组成的多层次市场结构。但是，林业政策性金融体系还不够完善，其发展现状与林业发展的现实不相适应。目前，我国农业政策性金融主要是用来解决粮食收购资金，虽然 2004 年以后，农业发展银行扩大了业务范围，但其新业务的目标客户主要是从事农产品加工或流通的龙头企业，针对林业生产环节，面向林业大户的资金安排很少。农信社主要通过发放农户小额信用贷款部分地承担了政策性金融职能。农户小额信用贷款对缓解小农经营的资金困难有积极作用，但对满足林业大户的资金需求作用有限。林业政策性金融的缺失，抑制了市场配置资源的空间。除小额信贷外，农信社贷款门槛很高，与商业银行没有两样。小额贷款公司、村镇银行等虽然是面向农村，但是利息率不低。单纯的林业收益低，生产周期长，难以拿出像样的抵押物，也承受不起高利率。因而出现了这样一种现象，一方面林业大户缺资金，求贷无门，另一方面农信社和村镇银行苦于找不到农业信贷项目，大量信贷资金流出了“三农”。林业规模化经营需要与生产经营周期相匹配的信贷支持，特别是对资本投入大的规模林业，更是如此。如果没有有针对性的低利、长期，且门槛低的资金供给，林业规模化经营会受到很大制约，而这有待于政策金融发挥作用。当前，有必要把政策性金融与农民林业组织化结合起来。分户林业生产规模偏小，信息不对称，这是深化农村金融的不利因素。但是，国际上一些国家，如日本，却通过农协，把千家万户的农户组织起来了，财政资金借助农协把政策性资金落实到农户手中。农协借助于“三位一体”的经营体制，以及参与乡村民主管理的优势，保障财政资金的合理使用和回收。在我国，村集体经济组织、农民专业合作经济组织以及农民资金互助社等多样化的农民组织化形式已经或正在形成。在探讨农村金融，特别是林业政策性金融的发展方向时，有必要跳出金融看金融，把相关机制的设计与农民组织化结合起来考虑，这样才会有新的突破。目前，林地的农户分散经营效率低、抗市场风险能力弱，而且按照中央财政贴息贷款对象条件要求，只有营造大规模、成片的工业原料林基地才有可能获得大宗政策性金融支持，分散的以农户为单位的小规模造林营林获得大量的林业信贷支持的可能性非常小。因此，建立以资源和资金为纽带的林业专业合作组织是适应林业贴息贷款政策的必然要求，组建属于林农自己的林业联合体可以有效地克服大型林业企业兼并林地资源所产生的林农“失地”所带来的社会问题，又可以解决林业信贷资金过度分散、效率低等弊端。在此基础上，国家可以专门设立一个面向林农联合体的林业发展专项信贷贴息项目，参照以林业产业化龙头企业统一向金融机构借款、由企业与林农开展合作造林的“林业产业化龙头企业统借统还贷款”模式，由林农联合体“统借统还贷款”的形式，支持林业合作组织建设跨农户、跨地区发展工业原料林基地，对其所需要的贴息贷款资金实行特别优惠政策。在信贷资金管理方面，可以考虑引进世界银行林业项目贷款资金分级管理的办法，建立以省级林业信贷担保基金统一担保承贷项目管理模式。在资金投向上，选择重点营林区域，集中信贷资金，发展规模营林和加工产业，成立专门的管理机构或者依托省级林业贷款项目机构集中行驶社会监督管理权限，也可以成立类似资产管理公司性质的集体林业项目贷款运营机构，与各级用款单位签订有担保的贷款协议，从而真正建立起从上至下的监管机制。

二是加大税费扶持力度。严格按照《财政部、国家税务总局关于林业税收政策问题的通知》（财税［2001］171号）免除合作组织所得税，减免各类林业合作组织增值税，大幅度降低以林农为主体组成的林业专业合作组织育林基金征收比例或实行部分返还。

三是加大财政资金扶持力度。由于各种原因，目前我国林业专业合作组织尚未纳入财政投资范围，在一定程度上制约了林业合作组织的发展。因此，需要争取把扶持发展各类农民林业联合经营组织纳入中央和省级财政农民专业合作投资范围，在总预算中确定扶持发展农民林业专业合作组织的比例和份额，设立林业专业合作组织发展专项扶持资金，重点扶持一些基础条件比较好、经营规模比较大、影响带动能力比较强的林业联合经营组织示范点建设，主要用于林业专业合作组织建立和完善各种管理制度和运行机制，增强服务功能，提高服务效果。

四是加大林业专项资金对林地联合经营体的投入力度，提高各类林业联合经营组织的生产经营能力。对符合条件的林地联合经营组织，可以考虑从林业财政性资金中也应当划出一定比例支持各类林业合作组织的建设和发展，例如联合经营组织营造林建设以及林业基础设施建设（含新建瞭望台、新建林道、新建防火线、为进一步加强森林资源管理和监督所进行的建设、其他简易设施等）均可以纳入林业公共财政补贴，林业联合经营组织的森林病虫害预测预报、检疫、防治等工作所需经费，以及森林资源调查、核查验收经费，边境森林防火隔离带补助费，通讯线路维修费，森林防火经费，扑火救灾费等的支出等，也应由林业财政予以适当补贴。林业专业合作组织发展种植业、养殖业、森林旅游、林副产品开发利用以及适合当地发展的其他项目，政府也应当给予补贴。此外，支援农村生产资金、农业综合开发资金、转移支付资金以及财政专项资金也应当给予各类林业联合经营体以等同于国有营林机构的待遇。近几年来，国家加大了种苗基本建设投入，但主要是面向国有林业机构，在条件成熟的时候，应当给予各林地联合经营组织同样的支持。在省一级，可以设立省级林业合作组织扶持资金，主要从林业规费、省级林业发展专项资金、林业贷款中央财政贴息资金和其他资金中筹集。重点扶持重点林业合作组织的贷款贴息、品牌扶持、技术研发、基地建设、人员培训等。采取多种方式，把林业项目建设资金（如速生丰产林、退耕还林、长防林、林业项目贴息贷款、利用外国政府和国际金融组织贷款、林业科研等）与重点林业联合经营体的工业原料林基地建设紧密结合起来。已建立工业原料林基地的林业联合经营体，享受贷款、木材采伐等有关优惠政策，对列入国家速生丰产用材林建设项目的，还可享受国家速生丰产用材林的有关优惠政策。

五是建立以奖代补机制。改革现行的农业专业合作社财政无偿补助方式，实行以奖代补投入机制，提高投资效益。可以实行林业专业合作组织达标建设以奖代补方式，合理制定达标建设标准，实行分档补助，规模越大、效益越好以奖代补金额就越多，推动林业专业合作组织上档达标，促进林业专业合作社又好又快发展。

六是建立有利于促进林业联合经营组织健康发展的木材采伐管理制度。如前所述，随着集体林权制度配套改革的不断深入，集体林产权逐步明晰到个人，极大地调动了广大林农耕山育林的积极性。采伐指标是林农特别关心的问题，林农不断地投入林业，但拿不到采伐指标，不能通过采伐实现经济利益，就可能造成信用的崩溃。为了推进林地规模化经营，地方政府看到了林农的急迫需求，便运用了采伐指标这一政策工具，作为推动林地规模化的手段，取得了明显效果，遗憾的是，在多数地方，政府的木材采伐指标调控服务对象更多的是大企业或者其他成分的工商业资本，如广西、江西和福建等地，对林地规模中等的家庭林场或者农户联合经营的股份制林场，政府往往以其登记手续不全，或者面积不上规模等为借口，不给予其与大企业相同的采伐指标支配权。这在相当程度上限制了林农之间的联合经营的积极性，不利于形成多样的林地联合经营模式，也剥夺了林农选择合作对象的权利。建议政府尽快制定新的政策，明确规定在采伐指标的优先权上，家庭林场或股份林场与国有企业拥有同样的机会。

8.5 完善县乡财政管理体制，建立面向欠发达省、县、乡财力性转移支付力度，抑制政府过度干预和垄断林地规模化经营的经济动因

如前所述，集体林权制度改革后，政府利用木材采伐指标、林业工程项目安排等行政手段变相“强迫”林农与国有林业企业联合经营，致使非国有林业主体在林地流转和联合经营中丧失平等的竞争机会，林农也因此可能利益受损。调查表明，地方政府过度干预林地流转和规模化的经济动因是为了获取规模化经营中的垄断利润，以弥补林权制度改革中林业税费调减及规范造成的经济损失，当然也不能完全排斥潜在的“腐败”现象。与此同时，地方政府在推动林地规模化经营中也需要承担一定的经济成本，在有些地方政府承担的直接成本甚至超过了自身的财力，需要借助公共财政的支持大力推进。此外，林农及其林业专业合作组织从事林业生产和经营的启动资金需求旺盛，而相应的政府资金投资机制还非常不健全。因此，公共财政需要针对集体林权制度改革后出现的资金短缺情况及其由此引发的林地规模化集中过程中存在的不规范行为，有重点、分步骤地建立起新的支持体系。当前，首要的任务是要不断扩大公共财政对集体林区的扶持范围：一是扩大财政对林区县、乡林业行政事业单位的支持范围。将林业行政机关的开支真正纳入公共财政范畴，包括行政资金有行政人员支出、日常公用支出、固定资产购建和大修理支出；二是保证林区县乡两级林业事业机构支出，将营林机构（主要包括林业工作站、林木种子站、木材检查站、林木种苗站等）、技术推广、良种推广机构、营林保护机构、勘察规划设计机构等事业性机

构，全部作为公益型事业单位，其人员经费及公用经费全部由公共财政供给；三是确保林区集体林业基础性支出在公共财政预算中的比例。集体林业基础性建设和森林资源保护等非营利性项目的建设，应由公共财政补贴。森林资源保护如病虫害预测预报、检疫、防治等工作所需经费也应由公共财政予以适当补贴；四是将林区县乡基本建设支出纳入公共财政支出范围，重点解决通路、通电、通讯、吃水、科技培训、电视接收等问题，改善林区林农生产生活条件，为集体林业发展打基础；五是加大对林区县乡村三级财政转移支付支出力度，加大对林业税收取消后地方财政减收部分的支付、对村集体因林权制度改革后林业收入减收的转移支付、对集体林权制度改革过程中发生的成本费用的支付等。此外，对于林区县乡两级以经济效益为主的林业项目，公共财政应该在政策上予以扶持。

针对林权制度改革后出现的林区财政性成本负担的重心严重下移的问题，需要进一步深化财政体制改革，理顺中央和地方、县与乡财政分配关系，保障欠发达地区省、县、乡机关和农村基本公益事业正常运转的基本支出需求，是建立林农增收减负长效机制、有效防止农民负担反弹的重要途径：一是要突出中央财政对欠发达地区林权制度改革成本分担责任，对类似江西、贵州、四川等地处中西部地区财力薄弱省份林权制度改革所产生的巨大成本应当由中央财政最大限度地予以承担，以此保证传统集体林区林地联合顺利推进。二是要因地制宜，积极推进财政“省直管县”改革，加大省级财政对贫困山区县林权制度改革成本的财政转移支付力度，尤其是要加大对类似中西部地区国家级和省级重点扶贫县集中区域的补助力度。三是要尽快建立规范的转移支付制度，提高一般性林业转移支付比重，增加山区基层财政的可支配财力。同时要合理分配转移性支付支出使用方向，重点支持林区县乡基础公共服务方面，增加对林区县乡转移支付和财政投入力度；四是尽快建立缓解林区县乡财政困难的激励约束机制，将地方税种收入主要留给林区县乡两级。以中央财政缓解县乡财政困难的“三奖一补”为契机，引导省级财政和有条件的地级市加大对辖区林区县实施财力性转移支付。五是加快建立集体林区专项财政转移支付制度，例如建立专门针对林权制度改革推进林地联合经营的专项转移资金。

8.6　推进山区林区基础设施建设步伐，改善林区生产条件，提升林农能力水平，降低林地联合经营的社会成本

林区道路是森林经营的重要基础设施和开展生产经营活动的基本条件，是衡量一个地区营林水平和集约经营高低的标志。过去，林区道路主要为林区生产服务，其主要功能是竹木材的采伐运输。随着林业经营方向的改变，产业结构的调整，林区道路的功能已经大大拓展，除了木材、林产品、生产资料的运输外，在森林资源管护、森林防火、有害生物防治、林区治安、森林旅游、林农出行等方面的功能与作用日益凸现。它不仅仅对林业产业的发展有直接的作用与影响，而且覆盖了山区全体林农的生产与生活，事关山区经济社会的可持续发展。林区道路作为林业生产的基础设施，是实现林地规模化、经营集约化的基础，也是森林可持续发展不可缺少的基本条件。

在江西和四川的调查表明，集体林权制度改革后，地处山区的林农从事林业生产生活基础建设仍然处于十分落后的状况，最为突出的问题是交通设施严重不足，严重地影响了林农从事林业生产的积极性，也制约了资本进山的步伐，迟缓了林地联合经营的步伐。

在近几年开展的社会主义新农村建设中，农村的各项设施都得到迅猛发展，但林区道路建设却未能同步跟进。林区道路状况与现代林业的要求相比，与农村的其他基础设施相比还有很大差距，林区道路已成为农村基础设施中最为薄弱的一环。由于林区路网密度低，道路延伸不到较偏远的林区，给当地群众的生产、生活带来极大的不便。种苗、农药、化肥等生产资料运不进来，生产出的林产品运不出去。目前，部分林区还依靠人力进行运输，成本高，速度慢，既增加了林业生产成本，又影响了林产品效益。同时，目前的林区硬化改造工程仅仅解决了路面的通行问题，而道路的排水、绿化等建设尚未跟上。可以说，无论是林区公路的数量还是质量，与经济社会发展的需要和广大林农的要求以及林业规模化经营要求相比还有相当的差距。

林区交通设施滞后的直接原因是资金的缺乏。林业资源丰富的地区

大部分林区地处偏僻之地，林道建设路基基础差，有些甚至没有路基基础，而且有些地方地势高、陡，以石山为主，这都加大了修建的难度，势必要增加放炮、挖机、造桥等费用。而这些林道一般都是迫切需要建设的，建设这些林道的村经济较弱，形成了林道建设的迫切性与建设资金投入大、筹措难的矛盾。而且一些已建好的林区道路，由于缺乏资金，长期得不到妥善修复和养护，甚至已成断头路。

资金问题是加快林区公路建设和提高养护水平的根本，森林经营模式的多样性，决定了林区道路建设资金组成的多样性。森林经营效益在规划和建设中要全盘考虑，发改、财政、交通、林业等部门，应争取将林区道路建设项目纳入农业基础设施建设投资范畴和专项资金预算，出台相应的扶持政策；县、乡两级政府要加大财政投入力度，制定优惠政策，广辟筹资渠道。相关部门通力合作，相关项目综合开发，同步进行。要通过分块立项，共同建设，确保将有限的资金捆绑投在关键地方的关键项目上，以求尽早发挥资金的最大效果，并建立有效稳定的林区公路建养资金来源体系。建立起“争取投资、政府补助、社会捐助、群众投劳、单位帮扶、职工捐款”多轮驱动、稳定的筹融资机制，推行“一路一策”，鼓励农民或企业自筹资金修路，谁投资谁受益，最大限度地满足林区道路建设的需要。

林区林业联合经营组织营造林基础能力薄弱也是制约林地联合经营的重要因素。调查表明，集体林权制度改革后，各类林业专业组织，尤其是以林农为主体的林业联合体，营造林基础能力薄弱是导致林业生产效率低下的直接因素。为此，在推进林地联合经营过程中，必须加强林业合作组织营林基础能力建设，为农村林业发展提供基础保障。一是要引导和扶持合作组织开展优良种子和苗木的培育，提高良种壮苗的供给能力。积极争取将林木良种补贴纳入对农业和农民的直接补贴范畴。加强林木种苗市场监管，维护农民依法从事种苗生产经营的权益，防止生产经营假冒伪劣种苗等坑农害农事件的发生。加强林木种苗市场信息服务，推行订单育苗。积极争取将营造林生产机具和商品林的小型灌溉设施及作业道路建设纳入国家专项补助范围，带动农民发展节水、高效、集约经营型林业。二是要加强森林火灾、林业有害生物防治基础设施建设，增强农村重大森林灾害应急反应和扑救能力。重点加强与农民利益直接相关的集体林区、个体林场以及各类林业联合经营组织的森林防火和林业有害生物防治基础设施建设，开展重点林业区域县、乡两级基层单位监测、巡护、交通通讯等基础设施建设，增强森林防火预警能力。加大营造村镇周围生物防火林带、防火隔离带的建设力度，防止山火进家、家火上山。加强森林消防队伍建设，逐步实现林区县每县建立一支专业森林消防队，每个村建立一支半专业森林消防队。加强县级林业有害生物测报、监测基础设施建设，积极培训和使用农民测报员。增强常规施药设备、设施的装备水平，做好药剂药械、交通通讯工具、救灾应急物资储备，建立能动快速的应急反应体系，增强农村应对突发林业有害生物事件的能力。三是要大力推进林业科技创新，增强农村林业发展的动力。支持和鼓励直接为农民服务的龙头企业组建林业科技研发中心，建立对农村林业发展具有强大支撑作用的林业科技创新体系。四是大力加强林业培训和科技推广，提高林农科技素质。改革林农培训机制，逐步建立以各级林业科技推广站、林业工作站和农林职业技术学校为依托的培训体系。围绕农民急需和适合农民特点的实用技术，开展乡、村两级林业政策与科技培训，提高农民参与林业建设与产业开发的能力，培养造就一批懂政策、会经营、有技术的新型林农和林业科技“明白人”、“示范户”。结合林业重点工程科技支撑项目经费，大力开展林业实用技术推广。

8.7 完善林业合作组织技术推广和社会服务能力，增强林农对联合经营的认同和归属感

在对全国9省（自治区）的农户调查中发现，绝大多数的林农迫切需要林业技术服务，这些技术包括造林技术、种苗培育技术、林木培育技术、病虫害防治技术和森林防火技术。林权制度改革使林农的经营与效益直接挂钩，促进了农民思想观念的重大变化，学科学、学技术的风气逐渐浓厚。具体表现在以下几个方面：

一是林农对信息服务的需求程度很强烈。信息服务包括林业生产经

营过程中的产前信息（如树种选择、优质种苗购买）、产中信息（化肥、农药的购买）和产后信息（木材价格信息等），还包括其他的致富信息如有关农业种植、外出打工和家庭养殖的信息。当前，农村信息化程度尽管得到很大的提升，但是相对于城市信息化服务而言，山区、林区林农获得信息的渠道相对狭窄，林农由于信息不足导致林产品常常无法满足市场的需求。

二是对资金需求强烈。林权制度改革后，林农发展林业生产的积极性进一步提高，但由于林业经营生产周期长，资本长期沉淀，资金短缺成为林业发展的瓶颈。一方面林农经济能力普遍有限，渴望获得大量的资金支持；另一方面由于向金融机构申请贷款受到诸多条件限制，又使得发展林业资金匮乏，林农实际上对金融服务的需求很强烈，但对通过正式渠道获得此项服务的信心很低。

三是林农对现有的林业保险业务有效需求十分有限。一方面林农收入有限，制约了保险需求。改革开放以来，林农收入水平虽有较大幅度增长，但相对于其他部门职工收入来说，仍处于较低水平，保险的需求还没有上升到十分必要的层次。加之目前我国森林保险主要是由中国人民保险公司以商业形式经营，国家支持和补贴较少，相对林业经营者来说，保险费率较高，抑制了其保险需求；另一方面林农保险意识薄弱，制约了保险需求。林业生产正处于从传统林业向市场化转变的过程中，林农市场意识不强，对森林保险的必要性、迫切性认识不足，更没有长远的风险预防观念。同时对于林业经营者来说，把森林作为标的参加保险，无疑又增加了经营林木的成本和负担，对于预期收益较低的林业经营者更不愿付出现实保险成本。两方面的原因使得森林保险承保面低，规模小，发展滞后，远远不能满足林业的风险保障需求。因此林农对现有的林业保险业务有限需求十分有限。

但是，面对林农新需求和新期待，我国现存的林业社会服务组织机构还显得力不从心。众所周知，我国的农村经济基本仍处于自然经济向市场经济过渡阶段。一方面，林改后，林农发展林业生产的积极性空前高涨，在这样的背景下，林农迫切需要林业社会化服务体系的帮助，指导他们生产，特别是技术、信息等方面的服务需求量很大；另一方面，面对林农对林业社会化服务体系的迫切需求，林业社会化服务却供给不足，陷入服务需方热、供方冷、上方冷、下方热的尴尬局面，这也是我国林业社会服务体系建设成效不佳的基本原因。林业社会化服务的供给不足主要表现在技术服务供给不足。具体表现为：第一，乡镇林业工作站的技术服务无法跟上林农的需求，服务内容少而且服务不及时，特别是林改后这种矛盾加剧；科研与林业生产需求脱节较大，重科研轻成果转化，为林农提供的服务太少；农民本身素质低，接受科研成果和新技术的能力差，影响了林业新技术的有效供给和推广应用；由于最基层的乡镇林业技术推广站仅是林业工作站的另一块牌子，因此导致林业技术推广体系提供的服务不多，农村林业技术员素质不高，缺少对高素质、高学历人才的吸引，例如，在全国林业站职工中，大专以上学历的人数只占 22.5%，13.1%的人员为初中以下文化程度，而且部分人员为非专业技术人员，知识结构、年龄结构不够优化；同时由于林业技术推广机构的经费限制、地方领导不够重视，很多机构被撤销兼并，出现“网破、线断、人散”的情况，能为林农提供的服务也很少。第二，服务体系覆盖面有限，服务组织结构行政化，服务能力弱。由于林业社会化服务体系建设起步较晚，投入不足，加上社会对服务体系的认识尚未到位，致使服务体系难以覆盖所有林业发展地区，同时林业服务工作也难以向纵深开展。首先，服务机构数量有限，特别是林业合作组织数量太少。全国服务机构数量有限，统计资料表明，目前全国省级建立林业站专门管理机构的仅占总数的 66%。地、县两级成立林业站专门管理机构的只分别占地、县总数的 68%和 70%；其中林业合作组织数量更是少之又少。其次，服务组织结构行政化，服务能力弱。林业社会化服务组织机构行政化主要表现在一方面许多林业社会化服务组织是从属于政府部门的附属机构；另一方面这些服务组织的主要职能是实施政府的行政管理，甚至是为了完成国家的“支农”任务，而不是为农民提供各种形式的林业社会化服务；第三，服务机构提供的服务服务内容单一，服务能力有限。主要只是供应部分生产资料和提供技术指导，其他的服务内容基本上不能给予有效地提供，特别是对生产资料的购买、林产品的加工和销售、市场信息的提供等方面发挥的作用微乎其微。第三，资金短缺，设施薄弱。林业社会化服务体系建设缺乏相应的资金补偿和可靠的资金来源，资金不足已经成为阻碍林业社会化服务体系建设的原因之一。由于国家对林业投资不足，各级政府财政经费的限制，林业社会化服务体系建设一直滞后于林业生产建设。此外，林农资金来源渠道有限，政府支持不够。从对辽宁省林业社会化服务体系建立的调查结果来看，林农林业生产资金的主要来源还是自有资金和亲朋借贷，分别占66.18%和14.41%；而依靠政府支持或者金融贷款等获得的资金则相对较少。然而事实上林农本身的自有资金是非常有限的，能用于林业生产的更是少之又少，他们需要社会和政府能提供更多的资金支持，然而由于林户分散，能够获得的贷款额度较低且难度系数很大，现实是政府和社会能提供的资金少之又少。第四，地方领导和政府认识不足，重视不够。部分省份片面强调林业的经济效益，而忽视其社会效益，尤其对主要以服务和社会效益为主的社会化综合服务体系，采取不恰当的简单撤并，甚至转化成经济实体，取消事业费，实行“断奶”，使本无经济效益的林业社会化服务体系失去生存保障，造成机构不稳，人心不定，正常工作难以开展。

整体上看，林农林业社会化服务的需求是很迫切的，但是林业社会化服务体系覆盖面有限，因此又必要扩大林业社会服务的范围，重点是提高各类林业联合经营体社会化服务水平，使林业联合体能提供内容包括林业生产所需的生产资料、资金、信息咨询的“产前服务”，生产过程中所需的“产中服务”和为林产品收购、储藏、加工、销售所需的“产后服务”。

本研究认为，当前建立基于林业联合经营体的社会服务体系的途径有：一是建立健全各类（基层）横向专业合作组织。横向专业合作组织直接面向农户，是专业合作组织体系的基石。现有林业专业合作组织的规范运作按照国际专业合作经济组织的标准和规范要求。同时因地制宜新建基层林业专业合作组织。二是建立多层次的纵向专业合作组织结构。当前，南方集体林区各地已经建立了不少的专业合作组织，但这些组织往往规模小，相互之间及与政府部门之间尚缺乏有机协调，带动能力不强。因此，有必要在各类横向专业组织的基础上，建立多层次的纵向组织体系，以加强对各组织的指导和协调，使其发挥更大的作用。第一，通过政策优惠鼓励林业科技人员和干部等个人自愿参与，培植一批具有较强带动能力的林产品科技型综合经营实体，以此为核心，在“利益共享、风险共担”的前提下，以自愿为原则，通过股份制或会员制的方式将基层合作组织和分散的生产者、加工者和营销者结合在一起，形成多层次、多类型的林业专业合作组织。第二，改造现有各类隶属于林业主管部门的产业协会等组织，使之成为真正的民间合作经济组织。

8.8　规范林地流转，保护林农切身利益，保证林地联合经营的长期有效性

林业规模化经营以林地集中为条件，林地流转是林地集中的重要形式。不规范的流转将可能极大地制约林农林地联合经营的意愿。针对前述中列举出的林地流转中存在的问题，必须完善集体林权流转政策，保护林农正当权益，加快林权流转规范化步伐：

一是要在明确所有权、稳定承包权、保护收益权、尊重处分权的基础上，推动林地使用权的流转。1998 年 7 月 1 日修改实施的《森林法》第十五条规定：防护林、特用林林地使用权不得转让，至今近十年过去了，原有的规定已不适应甚至阻碍了当前的经济活动和生产发展。为此建议对其不适合搞活林地使用权的相关条款作适当修改，尽快制定行政法规《林地流转管理办法》，以适应形势发展的需要。建议在经济活动比较活跃的地区，商品林和公益林地（含防护林、特用林）只要权属明确，不改变经营目的，不改变林地用途，不改变林地现状，其林地使用权可以转让，可以流转。要尽快完善承包和流转的法律制度。对受让人的投资能力、从事林业生产的技术经验等要进行规范，防止无能力及无心从事林地经营的人浪费土地资源和利用炒卖手段渔利。限制出租、转包、转让的最低林地面积。

二是要“依法、自愿、有偿”地促进产权的流转。建设要素市场，是变政府行为为市场行为的需要。政府在流转过程中不干预，只是引导，但流转完成以后对流转行为要进行规范登记，对流转后的山林权证

应予以变更相应的内容，从法律上规范和完善程序，优化林地流转的政策环境。

三是要加强对林地使用权流转的规范化管理。首先要规范流转合同制度，林地流转合同制度是提高合同履约率的保障，其关键是防止违约或者减少违约以及由此产生的各种成本。参照《中华人民共和国合同法》第 12 条，规范的林地使用权流转合同应包括如下内容：流转双方当事人的身份；流转的位置、面积、界址等的描述；流转林地的用途；流转双方的权利和义务；流转的价格、付款方式和付款时间；流转期限；合同期内林地转让的规定；合同期内集体收回林地使用权的规定；违约责任；解决纠纷的条文；合同双方的签字或盖章。

四是要制定科学的林地流转评估制度。完善以森林资源资产产权为核心的经营、管理和监督机制，规范流转行为，保障森林资源的保值升值，维护所有者和经营者的权益。在林地流转过程中，林地资产的评估是关键。而从目前林区林地流转的实践分析，林地资产评估的随意性强，评估价格缺乏依据，且普遍偏低，这样势必导致林地资产的流失。为此，迫切需要建立一个可操作的林地评估系统，真正形成省—县（市）的评估机构，统一培训各级评估人员，尤其是提高基层人员、评估人员的实际操作能力和水平。确定各种类型林地的公允价格，在此基础上，各地可因地制宜制定本地区的林地流转价格。同时，简化评估程序，努力降低评估成本，以确保林地流转的科学性、规范化和可操作性。

五是要加快建立和完善县、乡两级森林资源产权交易网络。市场主体拥有完备的市场信息，是市场机制充分发挥作用的重要条件。为了解决交易过程中信息不畅通、交易成本过高和交易中资源配置效率不高的现象，迫切需要建立森林资源产权交易场所，为林地流转提供一个公平竞争的环境，并为社会提供林地供求信息，降低信息费用，以吸引更多的企事业单位和农户等参与到林地资源流转中来，以提高林地资源配置效率。产权交易中心应是一个独立核算、自负盈亏、自我管理、自我发展和自我约束的经济实体，是森林资源资产产权交易的中介机构。其中心任务是为社会各行业、单位和个人办理森林资源资产产权交易，提供技术咨询和服务，确保森林资源资产产权交易的公开性、公平性、公正性和合理性。

六是要完善林地流转的审查制度和档案管理制度。及时办理申请、登记、审核备案等相关手续，建立林地流转档案管理制度。

8.9 完善林区农村各项社会保障配套政策，解决林农后顾之忧

农地规模化实践经验表明，农村社会保障制度是促进土地承包经营权流转和土地规模化经营的一个前提条件。要实现农村林地流转制度顺利实施，必须满足两个基本前提：一是农业劳动力能够稳定地进入非农产业，农民家庭收入来源主要依靠非农产业。二是要有可靠的社会保障能够帮助他们抵御未来生、老、病、死、伤、残等事故风险，免除他们的后顾之忧。第一个前提条件包含两层意思：农民的家庭收入主要来源于非农产业收入以及预期收入是稳定的。第二个前提条件说明，当农民家庭出现运转危机时，存在土地之外的规避手段来缓解危机，维持家庭的正常运转。国内外经验证明，健全的农村社会保障制度是农民摆脱土地束缚，成功实现转移的制度依托。没有社会保障制度对土地保障的替代，农民永远无法真正离开土地，实现土地的有效流转和规模化经营。然而，目前我国农村的现状以及实地调查情况表明，我们还无法真正满足以上两个条件，这严重制约了农村土地流转的进程，究其原因主要是农村社会保障制度还不够健全，要改变这种现状，必然要求改变农民对生产生活风险的规避手段，在社会保障体系中，建设能替代土地保障的保障制度。

集体林权制度改革后，林地资源市场价值的上升以及政府补贴的增加，林地对农户家庭的社会保障作用日益显现出来。在贫困的山区和林区，更是如此。调查表明，我国贫困人口主要集中在农村，农村贫困人口的大多数往往集中在林业资源丰富的山区县市。贫困加剧了林农对联合经营意愿的排斥，而且在非常有限的家庭经济收入条件下，林农对来自林业经营的微薄收入也容易产生依赖心理。而且不断增加的各种林业

政策性补贴，让林农对非经营性的林业补贴收入有了稳定的预期，在林农看来，占有了林地资源，就意味着多了一份养老的保障。这在相当程度上强化了林农对林地资源的自我控制欲望，增加了林地联合经营的难度。此外，在农户家庭收入来源调查中，我们发现农户非农收入是波动的、不稳定的，林农目前的非农收入主要来自手工揽活（如木工、油漆工等）、外出打工和饲养、加工等非农产业，其中外出打工收入占主要地位。调查显示，外出打工的农民一般文化水平不高，劳动技能不强，所以农民外出打工是有一定风险的，可能无法找到工作，可能工作不稳定，即其打工收入也是不稳定的。受自然条件和动物流行疾病等风险的影响，饲养等形式也不能确保取得稳定的收入。林农非农收入稳定性不足给山区林地赋予了较强的社会保障功能。因此，要推动林地联合经营朝着规模化方向发展，必须重新设计新的能够替代林地现有的农户社会保障功能的制度体系。

从长远看，建立健全农村社会保障制度体系，弱化农村林地保障功能是我国农村林地流转和规模化经营的根本出路。由于我国农村社会保障制度建设的艰巨性及我国现实国力所限，只能走渐进式的改革道路。目前的工作重点是：

一是逐步建立与农民工相匹配的社会保障制度。在原有城镇居民保障制度的基础上，针对农民工的就业特点及保障诉求制定适合农民工的保障制度。受文化程度和技能水平的限制，大部分农民工就业形式只能是临时工和小时工，而且一般只能从事技术含量低的脏活、累活、高风险的活。这就使得农民工就业呈现出收入低、不稳定、流动性强、危险性大的特点。因此，农民工的保障诉求一般为：保障基本的生活来源；发生工伤、得了大病能及时得以救治；老有所养等。相应地与农民工相匹配的社会保障制度就目前而言，应该是给予进城农民工基本生活保障、失业保险、工伤保险、医疗保险、养老保险等相应的保险种类，且在保险缴费方面应该考虑农民工收入的低水平及不稳定性，另外还应考虑农民工的高流动性，让保险账户的设置具有可流动性和可延续性。

二是完善农村最低生活保障制度。根据我国农村最低生活保障制度的现状，首要的要确定科学合理的低保标准和对象。在此过程中，应排除农民可以利用土地自保的理念，弱化农村土地的社会保障功能，把失地农民和因农产品经营不善陷入困境的农民纳入保障对象。

三是要尽快建立农村养老保障制度。总结试点阶段的经验教训，逐步完善新型农村养老保险制度，以促进农村养老保障制度的建立健全。根据试点阶段存在的问题，当前的主要工作为：出台农村社会养老保险法，提高农村养老保障的法律层次；扩大“国家政策扶持”的范围和力度，改变农村养老保险金来源渠道实质单一的局面。

四是积极探索农村医疗保险新模式。我国实施新型农村合作医疗后，效果并不理想，现行农村合作医疗保险制度难以为继。因此，我国农村医疗保险建设的出路还在于探索新模式。在我国农村医疗保险模式创新方面，要在给予农民基本医疗保障的前提下，建立一个全国性农村医疗保险股份制公司。基本思路是结合我国实际情况，设立针对农村地区的全国性保险公司，并建立一个与之合作的医疗服务网点覆盖全国的大型现代化保险经营机构，专门负责农村医疗保险的保费征缴，险种的设计、销售、管理及推广，负责保险基金的投资和风险管理，国家对该保险公司给予政策上的扶持。当然，如何将此模式付诸实践，还有许多问题需要去探讨。

9 结论与最终政策建议

9.1 主要结论

9.1.1 “三定”以来集体林区林地细碎化状况及其影响

“三定”时期，出于对公平的要求，林地分配时需要兼顾林地肥力与地块位置的差异，按人口平均分配土地，这就导致了一个农户家庭经营多个地块的状况，地块面积狭小，并且互相穿插，加剧了林地细碎化的程度。

对全国9省2 400多农户家庭调查统计结果，2003年林改以后，农户林地的地块数量呈现了增加的趋势，全国户均林地地块增长16.12%，其中又以广西和辽宁两个省地块增加幅度最大，河南、江西、山东、福建4省户平均地块变化并不大，湖南变化最小。林地细碎化问题并不是一个新的问题，在林权制度改革之前，林地细碎化过程基本完成，林权制度改革后，林地权属细碎化得到了进一步加强，但是强度增量并不大。

定量分析表明，林地细碎化对林业生产的产出构成负向影响，印证了林地细碎化不利于林业经营生产的基本判断。最少能够表明，中央政府应把林地连片即农户经营规模作为一项长期的政策加以重视。同时，林权制度配套改革措施应把减轻林地细碎化程度，实现规模经营作为政策设计的一个选项。

9.1.2 集体林地联合经营模式及其收入分配方式分析

调查发现，我国目前存在的林地联合经营模式是多种多样的，按照林权主体内外关系不同，比如农户之间的联合、农户与企业之间联合、大户与农户之间的联合以及官方引导下的协会合作等，林地规模化模式主要有：基于村组的集体和村组统一经营模式、基于农户之间的林地股份合作经营模式、民营林场模式、林业专业合作组织模式，以及基于企业或大户与农户之间的联合经营模式等。集体统一经营定义在行政村集体和村组集体两个层面。

村组统一经营模式：在湖南、江西等省的其他地区存在。与林改前相比，集体经营模式以村组主体取代行政村主体，但是集体经营单元变小，面积规模变小。也就是说，林权改革后，传统集体林区，以村组名义统一经营的情况属于少数。在福建省，村组集体经营是一个极为特殊和普遍的现象。福建省基本上是沿用了林权制度改革之前的做法，只不过将集体统一经营的林地主要是用材林地以有偿的方式（交纳林地使用费）平均地分配到小组，但没有真正地落实到农户家庭。

村集体统一经营模式：整体上看，生态公益林基本上还是处于集体统一经营管理的模式，但是收益分配则以股权的形式明确落实到了农户家庭，即采取“分股不分山，分利不分林”的形式，将现有林地、林木折股均利分配，落实经营主体，实行股份合作经营。

林业合作经营模式：林业专业合作社发展时间比较集中，绝大部分是在“十五”中后期发展起来，且主要分布在集体林权制度改革较早的地区以及林业产业发展相对较好的地方。林农合作模式从初期的“互助组”到“三防”协会模式，进而从简单的森林资源保护合作向经营方式合作发展，出现了民营林业造林公司、民营林场、林业专业合作社等多种形式。林业专业合作组织功能模式主要为：股份合作模式、统一销售模式、统一技术模式、合同订单模式以及提供担保模式。

林业专业合作组织是以利益为纽带结成的互惠互利共同体，其生命力在很大程度上取决于参与农户利益以及各种合作要素利益的实现程度。利益分配机制是林业专业合作组织运行机制中非常重要的一部分。农户参与合作组织的最终目的是为了提高收入，获得利益。而通过合作组织的运作所获得的利益如何分配，就成了农民非常关心的一个问题。考察江西省林业专业合作组织的利益分配机制，除了部分不进行利益分配的组织之外，以按股分配、一次性买断和销售后按一定比例分配收益三种形式为主。

9.1.3 林地联合经营的利益相关者分析

从林地联合经营的概念以及最终的主体结构来看，林地联合经营利益相关方包括：地方政府主体：主要是县（市）级林业行政管理部门及其下属林业机构，为间接利益相关方；林地经营权所有者主体：限制在林改后获得林地经营权的农户主体，为直接利益相关方；公司、企业和大户：主要是林地林木经营权流入方或出资方，为直接利益相关方；林业合作组织：已经存在的林业专业合作社、协会、股份林场等，为间接利益相关方。

（1）农户环境分析结果

农户在林业生产经营中存在困难的难度大小顺序依次是：林地规模太小＞资金不足＞缺乏劳动力＞抗风险能力差＞缺少技术＞产品销售困难＞其他原因＞害怕政策不稳定。可见林地资源、资金和劳动力缺乏已经成为当前制约林农家庭林业生产经营活动的因素。而技术、产品销售以及政策稳定性问题虽然是影响林农林业生产的因素，但已经不是主要因素。9 个省（自治区）农户扩大林业投资整体意愿为 55%，多数农户有扩大林业生产的意识，有大约 45%的农户不愿意扩大林业投资。不同省和不同地区的农户在扩大林业投资愿意上有比较大的差异。资金缺乏是导致农户不愿意投资林业的主要原因，缺少技术支持以及劳动力缺乏也是重要原因。农户认为林业生产周期过长影响了他们从事林业生产的积极性，这些农户更愿意把有限的剩余资金投放到养殖业、经济作物种植业等生产周期比较短的产业，而对于投资林木种植业不感兴趣。全国 9 省（自治区）受访农户家庭林业平均收入由 2003 年的 4 180.7 元上升到 2009 年的 8 156.9 元，年增长幅度超过 10%。农户家庭现金总收入中，林地出让（流转）收入所占比例很低，2003—2009 年平均比重都低于 0.1%，而福建、广西、河南、山东等四省农户家庭几乎没有发生过林地流转收入。农户家庭生产性支出中林业生产资金量，统计表明，农户家庭投入林业的资金总量不高，平均年投入资金低于 2 200 元，但是增长趋势明显，说明农户投入林业的积极性在不断上升。

(2) 地方政府利益分析结果

各级政府官员都认为，如果让农民家庭来分散经营林地，将无法推行先进的林业技术，难以开展森林保护，而且增加对林地的资金和技术投入的难度，也无法防范由市场带来的经营风险，最终也就无法提高林地的经营效益。从政策层面上看，政府对林地规模化经营采取了比较积极的态度，一些政策刺激了商业资本进入兼并林地的热情，在一些地方甚至引发了林地过度过快集中的现象。地方政府介入林地规模化经营的主要方式是以联营股份为纽带的林地规模经营模式。在林权制度主体改革初期，一些地方的林业局下属企业已经大规模购入林地，购入的方式有买断方式，但是更多的是联合经营模式。在林地资源价格快速增长的情况下，政府部门主张林地规模经营，并由其下属的林业公司介入林地联合经营，很大程度上隐含着维护和控股自己的团体或者部门利益的驱动性。政府部门将下属的企业作为林木采伐指标的优先发放和保障的对象，而这些企业有了林木采伐指标，则相对容易地收购和兼并农户的林地资源。政府控制的企业在林地收购中处于垄断地位，进而获取垄断利润的收益也是巨大的。在林业税费改革不利于地方政府及林业部门利益取向的新形势下，通过超市场手段获取林地收购和兼并的相对垄断而获得巨大的资源资本利益，有可能成为当前政府部门寻求利益替代的重要形式。在林地集中收购过程中，政府及林业部门除采取上述直接或变相干预影响林地流转的方向外，还会采取将林木采伐指标分配、运输证、采伐迹地更新保证金、林业工程项目投资以及贴息贷款投放作为重要的招商引资条件，吸引外来企业进入当地的林地规模化经营和林地兼并过程，与民营企业建立利益同盟关系，这也是地方政府参与和鼓励林地规模化经营的重要驱动因素，在利益同盟关系下，政府及林业部门“寻租”成本将会降低，收益会有大幅度提高。

9.1.4 农户林地流转和联合经营意愿行为因素分析结果

从农户流入林地的主要目的看，最主要的是增加收入，其次是投资、增值。可见，农户流入林地主要是出于扩大经营规模以增加收入的理性选择。从农户流出林地的原因看，最主要是因为林地太远、太陡，经营管理不方便，其次是因为家庭人口外出打工或从事工商业导致劳动力缺乏。

户主的年龄、文化程度和家庭林地资源、农业劳动力、收入水平、非农收入占比等与农户是否参与林地流转存在一定的关系。户主年龄、户主受教育年限、户主是否担任村干部对农户林地流转行为有一定的影响。在户主年龄方面，随着户主年龄的减小，林地流出行为有增强趋势，而户主年龄为40～60岁的流入林地的户频较高，户主年龄>60岁的流入和流出林地的户频最低。家庭农业劳动力与林地流转行为有明显的相关关系。随着农户农业劳动力数量的增加，流入林地行为增强，与此同时，流出林地行为则明显减弱。这表明林地流转的方向是由农业劳动力数量少的农户流向农业劳动力数量多的农户。另外，也可能是由于林地的流出促进了劳动力的外出就业，相反林地的流入促进了流入户外出的劳动力回乡从事林业生产；家庭是否有自营工商业或家庭成员是否在机关、事业单位上班是影响林地流转的一个重要因素。家庭收入水平和家庭非农收入占比与林地流转行为的关系密切。随着家庭收入水平的提高，流入林地和流出林地行为均呈增强趋势；农户对采伐限额制度的认知程度与其流转行为具有显著关系，即当农户认为采伐指标难以获得时，其更愿意转出林地林木，而不是保留林地林木自行生产经营原木。而农户采伐限额制度认知程度与其流转行为不具有显著关系，即选择了流转的农户对于采伐指标获得难度的认知不存在差异；农户去过林权交易市场对其是否转出林地林木具有显著影响，但对其转出林地林木数量的影响不具有显著性；农户非农收入的取得将降低其转出林地林木的意愿，以及减少转出林地林木的数量；农户拥有的林地面积大将有助于转出行为发生，即农户林业要素禀赋与林地林木转出的发生之间无必然关联。对于选择转出林地林木的农户而言，其转出的林地林木数量与拥有的林地林木数量存在显著关联。

9.1.5 制约集体林自愿联合经营的制度因素分析结果

一是林地流转制度缺失：林地流转有关法律法规滞后，缺乏切实可行的外部拉动政策，严重制约了林地规模化经营的进程；部分干部群众对林地流转的认识不足，意识淡薄，流转行为不规范；流转程序与手续不够规范，带来了矛盾和隐患；林地流转的市场化中介服务体系刚刚建立，还缺少完备的管理制度和规范操作程序。制约了林地流转市场的发育；我国林地流转“二级市场”尚不健全，致使林地再次流转受到一定的限制；林权流转中出现的山林倒卖、炒卖现象比较严重，这种倒卖、炒卖行为不仅破坏了林权合理有序的流转，扰乱了正常的林地流转秩序，而且加大了林业投资的风险。

二是促进林农联合经营组织形成和发展政策机制的缺失：政府干预过度，林地联合经营及合作组织的行政化模式，从农户、林业专业合作组织以及政府三个层面的直接接触情况看，目前林业专业合作组织建设和发展过程中还存在一些不容忽视的其他问题；根据目前对林农专业合作组织尤其是农民专业合作社的理解和认识，有大约64.4%的农户不知道有林业专业合作组织一说，有79.2%的农户对林业专业合作组织的功能、作用不了解，只有25.6%被访问农户听说过林业专业合作组织，而且主要是从村干部或者本村林业大户那里得知，有11%的农户知道林业专业合作组织是为了解决林地分散后规模化经营问题；林业专业合作组织内部治理结构的不规范、不合理。在对全国9省（自治区）村级调查情况来看，大多数地方的林业专业合作组织虽然都拟定了章程，成立了理事会等组织机构，但有的只是挂了一个牌子，林农参与的主体意识不强，组织没有固定的收入来源，如缺乏政府扶助，合作组织很难运转；管理人才缺乏。由于目前林业专业合作组织的牵头人，大多是一些农村能人、专业户和林业大户，多数属于传统农民，学历不高，眼界不新，缺乏林业专业知识和创新意识，单打独斗可以，但要上个台阶，管理经营则往往不在行；在林业专业合作组织中在数量上占绝对优势、林农参与程度最广泛的林业“三防”协会、林业专业合作社等，这些完全或者主要由普通林农为主体组成的合作组织，成员本身就是社会相对弱者，股金筹集非常有限，均因严重缺少启动资金或流动资金，致使只能开展一些低成本、低水平的纯粹互助性活动，如统一护林、代买肥料、统一订货等，合作组织生产和规模的发展缓慢；政策扶持缺乏。对林业专业合作组织给予多方面的支持，是国际上通行的做法。特别是在融资、税收等方面，应该得到政府的重点支持。在我国，中央和各省的一系列文件都强调要加大扶持发展农民专业合作经济组织，但目前的扶持力度仍然跟不上林农合作组织发展的需求，尤其是市、县两级具体的、可操作性强的扶持政策少。从实地调查情况看，地方政府在推进林业专业合作组织建设方面还没有建立起长效机制，正如前所述，目前主要用木材采伐指标、运输证等行政手段间接推进，而在财政、税收等方面还缺少实质性的激励政策，相应的约束管理机制还相当缺乏。

9.2 主要政策建议

9.2.1 充分认识林地联合经营现实困难性和渐进性，审慎推进林地联合经营

在推进林地联合经营过程中，为了有效防止林业联合经营组织“一哄而上”、“有名无实”的现象，必须坚持市场机制与行政手段相结合，科学推动林地规模化经营。林地的集中与规模经营必须以农户自身为主体，突出市场配置资源的作用，用市场手段调节林地流转行为，鼓励林地经营从低效益的分散经营向高效益的规模经营转变。在充分发挥市场机制调节作用的同时，政府也应当适当地介入以解决市场本身无法解决的问题，如对农民进行有针对性的培训以提高其素质，提供林权交易平台，发布市场信息，加强基础设施建设，为林地联合经营发挥规模经营效益创造良好的外部条件。

9.2.2 因地制宜，不拘一格，推动林地联合经营模式多样化发展

我国早期已经存在多样的林地联合经营形式，为后续林地联合经营模式选择和政策设计提供经验。例如，在南方集体林区林业产业基础比较好的地区，例如浙江、江西、福建和湖南等省，政策设计上应当重视扩大工商业资本在林地规模化经营中的引导作用，面向企业制定相应的激励政策，鼓励企业进入营林环节，提升林地长期生产力；在林业产业

相对薄弱、农村贫困人口比较集中的省区，如贵州、四川等深山区，政策设计上应当重视培育农户林权在林地联合经营中的主导作用，鼓励农民以林权和劳动力为条件，建立家庭林业联合经营体；在自然条件恶劣，森林资源缺乏的地区，如西北地区的陕西等干旱半干旱地区，森林资源的主导功能是生态防护，政策设计上应当突出森林管护任务的特征，鼓励农户建立类似江西的“三防”协会那样的林业联合管理体，以减少单户森林管护成本过大的问题。总之，在政策设计上应当坚持不同模式同等对待的原则，在政策资源的投入上，应当一视同仁。只有这样，林地联合经营的模式才有可能在不同区域、更大范围上得到更为全面的实践检验，并最终能够形成稳定的具有区域特色的中国林地联合经营的模式体系。

9.2.3　政府引导，典型示范，规范运行，提高林农参与林地联合经营的积极性

政府在引导林农走林地联合经营的过程中，必须十分重视对林农权益的尊重，以往很多不成功的林地联合经营的案例，往往是政府忽视林农合法权益的结果。因此，在引导林地联合经营组织发展过程中，必须坚持以家庭承包经营为基础的原则，坚持林农“进入自愿、退出自由”的原则，不搞强迫命令，不要一哄而起，防止人为“拉郎配”，还要注意把握多样化发展的原则，从实际出发，因地制宜，讲求实效，形式多样，不搞一刀切，引导广大林农以联合经营、委托经营、合作林场等形式，促进适度规模经营，培育和发展一批新型的林业合作经济组织，提高林农的组织化程度。同时，以资金、技术为纽带，通过“企业＋基地或协会＋农户”、“订单林业”等方式，延伸产业链，提高森林资源规模经营和林农的收益水平。

针对目前各地存在的林业合作组织不规范的问题，政府应当予以必要的政策指导和干预。首先，要营造良好的外部环境，坚持民办性质，明确政府定位。在当前国家有关合作组织的立法出台之际，应根据各地情况，尽快出台有关各类林业专业合作组织发展扶持政策的暂行条例，为合作组织的发展创造宽松的外部环境。

9.2.4 建立和完善促进林地联合经营科学发展的长效政策机制，保障各种林业联合经营组织有效运行

当前对各类林地联合经营组织的政府扶持政策的重点是：一是加大信贷支持力度。建立以资源和资金为纽带的林业专业合作组织是适应林业贴息贷款政策的必然要求，组建属于林农自己的林业联合体。在此基础上，国家可以专门设立一个面向林农联合体的林业发展专项信贷贴息项目，参照以林业产业化龙头企业统一向金融机构借款、由企业与林农开展合作造林的“林业产业化龙头企业统借统还贷款”模式，由林农联合体以“统借统还贷款”的形式，支持林业合作组织建设跨农户、跨地区发展工业原料林基地，对其所需要的贴息贷款资金实行特别优惠政策。二是加大税费扶持力度。严格按照《财政部、国家税务总局关于林业税收政策问题的通知》（财税［2001］171号）免除合作组织所得税，减免各类林业合作组织增值税，大幅度降低以林农为主体组成的林业专业合作组织育林基金征收比例或实行部分返还。三是加大财政资金扶持力度。四是加大林业专项资金对林地联合经营体的投入力度，提高各类林业联合经营组织的生产经营能力。五是建立以奖代补机制。改革现行的农业专业合作社财政无偿补助方式，实行以奖代补投入机制，提高投资效益。六是建立有利于促进林业联合经营组织健康发展的木材采伐管理制度。政府尽快制定新的政策，明确规定在采伐指标上的优先权，家庭林场或股份林场与国有企业拥有同样的机会。

9.2.5 完善县乡财政管理体制，建立面向欠发达省、县、乡财力性转移支付力度

公共财政需要针对集体林权制度改革后出现的资金短缺情况及其由此引发的林地规模化集中过程中存在的不规范行为，有重点、分步骤地建立起新的支持体系：一是扩大财政对林区县、乡林业行政事业单位的支持范围；二是保证林区县乡两级林业事业机构支出，将营林机构、林业事业性机构，全部作为公益型事业单位，其人员经费及公用经费全部由公共财政供给；三是确保林区集体林业基础性支出在公共财政预算

中的比例；四是将林区县乡基本建设支出纳入公共财政支出范围；五是加大对林区县乡村三级财政转移支付支出力度。

针对林权制度改革后出现的林区财政性成本负担的重心严重下移的问题：一是要突出中央财政对欠发达地区林权制度改革成本分担责任；二是要因地制宜，积极推进财政“省直管县”改革，加大省级财政对贫困山区县林权制度改革成本的财政转移支付力度；三是要尽快建立规范的转移支付制度，提高一般性林业转移支付比重，增加山区基层财政的可支配财力；四是尽快建立缓解林区县乡财政困难的激励约束机制，将地方税种收入主要留给林区县乡两级；五是加快建立集体林区专项财政转移支付制度。

9.2.6 推进山区林区基础设施建设步伐，降低林地联合经营的社会成本

资金问题是加快林区公路建设和提高养护水平的根本，森林经营模式的多样性，决定了林区道路建设资金组成的多样性。森林经营效益在规划和建设中要全盘考虑，发改、财政、交通、林业等部门，应争取将林区道路建设项目纳入农业基础设施建设投资范畴和专项资金预算，出台相应的扶持政策；县、乡两级政府要加大财政投入力度。建立起“争取投资、政府补助、社会捐助、群众投劳、单位帮扶、职工捐款”多轮驱动、稳定的筹融资机制，推行“一路一策”，鼓励农民或企业自筹资金修路，谁投资谁受益，最大限度地满足林区道路建设的需要。在推进林地联合经营过程中，必须加强林业合作组织营林基础能力建设，为农村林业发展提供基础保障。一是要引导和扶持合作组织开展优良种子和苗木的培育，提高良种壮苗的供给能力。积极争取将林木良种补贴纳入对农业和农民的直接补贴范畴。二是要加强森林火灾、林业有害生物防治基础设施建设，增强农村重大森林灾害应急反应和扑救能力。三是要大力推进林业科技创新，增强农村林业发展的动力。四大力加强林业培训和科技推广，提高林农科技素质。

9.2.7 完善林业合作组织技术推广和社会服务能力

当前建立基于林业联合经营体的社会服务体系的途径有：一是建立

健全各类（基层）横向专业合作组织。二是建立多层次的纵向专业合作组织结构。在各类横向专业组织的基础上，建立多层次的纵向组织体系，以加强对各组织的指导和协调，使其发挥更大的作用。

9.2.8 规范林地流转，保证林地联合经营的长期有效

针对前述中列举出的林地流转中存在的问题，必须完善集体林权流转政策，保护林农正当权益，加快林权流转规范化步伐：一是要在明确所有权、稳定承包权、保护收益权、尊重处分权的基础上，推动林地使用权的流转；二是要“依法、自愿、有偿”地促进产权的流转。三是要加强对林地使用权流转的规范化管理；四是要制定科学的林地流转评估制度；五是要加快建立和完善县、乡两级森林资源产权交易网络；六是要完善林地流转的审查制度和档案管理制度。

9.2.9 完善林区农村各项社会保障配套政策

农地规模化实践经验表明，农村社会保障制度是促进土地承包经营权流转和土地规模化经营的一个前提条件。从长远看，建立健全农村社会保障制度体系，弱化农村林地保障功能是我国农村林地流转和规模化经营的根本出路。由于我国农村社会保障制度建设的艰巨性及我国现实国力所限，只能走渐进式的改革道路。目前的工作重点是：一是逐步建立与农民工相匹配的社会保障制度；二是完善农村最低生活保障制度；三是要尽快建立农村养老保障制度；四是积极探索农村医疗保险新模式。

参 考 文 献

曹建华，王红英，黄小梅．2007．农村土地流转的供求意愿及其流转效率的评价研究［J］．中国土地科学（10）．

曾华锋，聂影，王瑾．2009．小规模林地合作经营趋势与国外经验借鉴［J］．世界林业研究，22（6）：19－22．

柴高潮．2004．推行土地适度规模经营的时机已经成熟［N］．中国经济时报，2004－12－02．

陈珂，周荣伟，王春平，王嘉．2009．集体林权制度改革后的农户林地流转意愿影响因素分析［J］．林业经济问题（6）．

狄升．1994．林业股份制之我见［J］．林业经济（1）：62－68．

费本华，王戈．2003．日本的森林资源及林业管理状况［J］．世界林业研究，2（16）：46－49．

冯彩云．2005．国外私有林现状及发展趋势［J］．世界林业研究，18（1）：6－11．

高立英．2007．集体林地经营规模分析——与林地规模经营观点的商榷［J］．林业经济问题（8）：376－379．

郜亮亮，黄季焜．2011．不同类型流转农地与农户投资的关系分析［J］．中国农村经济（4）．

耿怀英．2001．新一代农村经济发展的理性选择——晋中农村“四荒”资源治理开发的实践思考［J］．经济问题（10）：41－43．

何国平．2006．农业流通领域合作组织产生和发展的原动力研究［J］．农村经济（8）：117－121．

洪燕真，戴永务，余建辉，刘燕娜．2009．福建省林权制度改革后的林业经营组织形式探讨［J］．林业经济问题，29（2）：163－167．

黄森慰．2008．私有林经营方式选择的影响因素研究［D］．福州：福建农林大学．

贾治邦．林业改革取得最大成效［EB/OL］．国家林业局网站——集体林权制度改革专题，http：//www.forestry.gov.cn/ZhuantiAction.do?dispatch=content&id=303242&name=lqgg.

孔凡斌．2008．集体林权制度改革绩效评价理论与实证研究——基于江西省 2484 户林农收入增长的视角［J］．林业科学（10）：132－141.

孔凡斌．2008. 集体林业产权制度：变迁、绩效与改革探索［M］．北京：中国环境科学出版社：104.

孔凡斌，杜丽．2008. 集体林权制度改革中的林地流转及规范问题研究［J］．林业经济问题（5）：377－384.

孔明，刘璨．2000. 福建省三明市林业股份合作制发展研究［J］．林业经济（1）：7－20.

李近如，王福田．2003. 瑞典私有林经营管理实践与启示［J］．林业经济（5）：52－53.

李莉．2007. 论土地规模经营的内生条件［J］．贵州财经学院学报（2）：8－12.

李志勇．2003. 世界私有林概览与芬兰私有林探究［J］．林业经济（4）：57－59.

李智勇，闫振．2001. 世界私有林概览［M］．北京：中国林业出版社．

李智勇，闫振，2001. 世界私有林概览［M］．北京：中国林业出版社．

廖文梅，彭泰中，曹建华．2010. 农户林地流转决策行为影响因素分析——以江西为例［J］．林业经济（5）．

刘宝素．2000. 试论股份合作制与林业经营体制改革［J］．林业与社会（6）：47－49.

刘伟平，张建国．1994. 集体山林经营方式改革：股份制与合作制［J］．林业经济问题（2）：1－6.

刘苇萍，王礼权．2007. 新一轮集体林权改革与林业“三定”的比较研究——以江西省遂川县为例［J］．林业经济（11）：18－24.

卢榕泉．2007. 永定县林权制度改革后林业经营方式的变化［J］．亚热带农业研究（4）：317－320.

陆文明．2002. 中国私营林业政策研究［M］．北京：中国环境科学出版社：56－57.

罗立平，李红军．1999. 刍议林业规模经营［J］．湖南林业（5）：12.

吕天军，马建华．1998. 山东省集体宜林“四荒”地拍卖问题探讨［J］．山东林业科技（1）：41－45.

聂影．2010. 林权流转的多维动因分析与激励路径选择［J］．中南林业科技大学学报（社会科学版）（4）．

裘菊，孙妍，李凌，徐晋涛．2007. 林权改革对林地经营模式影响分析［J］．林业经济．（1）23－27.

屈茂辉．1998. 农村承包经营权改革问题探析［J］．农业经济问题，（3）：2－8.

沈月琴，李兰英，梅岩良，吴建华，方道友．2000. 浙江林业经营形式问题探讨——南方集体林区林业市场化系列问题研究之一［J］．林业经济问题，20（4）：226－228.

史清华，贾生华．2002. 农户家庭农地要素流动趋势及其根源比较［J］．管理世界（1）．

史清华．2005. 农户经济可持续发展研究——浙江十村千户变迁（1986—2002）［M］．北京：中国农业出版社：2.

苏永通．2007. 中国将全面推开“第三次”土改［N］．南方周末，2007－07－16.

速水佑次郎，神门善久．2003. 农业经济论［M］．北京：中国农业出版社．

王登举．2009. 日本私有林合作化实践与借鉴［J］．世界林业研究，22（1）：1－5.

吴广宏．2001. 德国的林业和森林资源有偿流转概况［J］．天津农林科技，2（1）：36－40.

吴静和．1994. 集体林区林业股份合作经济的研究［J］．林业经济问题（增刊）：5－12.

伍士林，蔡细平，谷红兵．2006. 分散林业生产适度规模化的对策探讨［J］．林业经济问题，26（1）：76－79.

肖平，张敏新．2010. 林地产权制度对林工林和效率影响——以亚洲纸业有限公司为例［J］．林业经济（1）：94－98.

谢旺生．2008. 试论股份合作林场在林权制度改革后促进林业规模经营中的作用［J］．华东森林经理（5）：15－16.

谢屹，温亚利．2009. 农户林地林木转出行为影响因素的实证分析［J］．北京林业大学学报（社会科学版）（4）．

谢正荣，沈小妹，俞桂英，潘峰，宋秧泉．1999. 种植业规模经营方式生产水平与经济效益研究［J］．农业系统科学与综合研究，15（1）：44－47.

徐晋涛，孙妍，姜雪梅，等．2008. 我国集体林区林权制度改革模式和绩效分析［J］．林业经济（9）：27－38.

徐晋涛，孙妍，姜雪梅，李劼．2008. 我国集体林区林权制度改革模式和绩效分析［J］．林业经济 2008（9）．

徐秀英，石道金，杨松坤，李朝柱．2010. 农户林地流转行为及影响因素分析——基于浙江省临安、安吉的农户调查［J］．林业科学（9）．

徐旭，蒋文华，应风其．2002. 我国农村土地流转的动因分析［J］．管理世界（9）．

许向阳，聂影，张建华．2007. 政府在林业合作组织发展中角色定位的研究［J］．

林业经济（2）：52－55，76.

张春霞，郑晶 . 2009. 林权改革 30 年回顾——集体林权改革研究之二［J］. 林业经济（1）：55－58.

张红宇 . 2002. 中国农地调整与使用权流转：几点评论［J］. 管理世界（5）.

张三峰，杨德才 . 2010. 农民的土地调整意愿及其影响因素分析——基于 2006 年中国综合社会调查数据［J］. 中国农村观察（1）.

张於倩，王玉芳 . 2004. 日本民有林政策对我国发展非公有制林业的启示［J］. 绿色中国（16）：49－51.

张忠明，钱文荣 . 2008. 农民土地规模经营意愿影响因素实证研究——基于长江中下游区域的调查分析［J］. 中国土地科学，22（3）：61－67.

赵爱云 . 2001. 瑞典私有林的发展历程及其借鉴［J］. 世界林业研究，2（14）：51－56.

周国模，沈月琴 . 1999. 林地利用与乡村发展［M］. 北京：中国林业出版社：146－158.

Beck，R.，Spiegelhoff，J. 1997. Forest owner associations in Bavaria and Extension. Faculty of Forest Science，University of Munich，Freising，Germany.

Belin，D. L. 2002. Assessing private landowner attitudes：a case study of New England NIPF owners. Thesis，University of Massachusetts，Amherst，p. 179.

CHRIS TOLLEFSON. 1998. The wealth of Forests：markets，regulations and sustainable forestry. UBC Press（1998）373－383.

Corten，I.，Cordewener，N.，Wolvekamp，P. 1999. Revitalizing local forest management in the Netherlands：the woodlot owners' association of Stramproy. In：Wolvekamp，P.（Ed.），Forests for the Future：Local Strategies for Forest Protection，Economic Welfare，and Social Justice. Zed Books，London，UK.

David B. Kittredge. 2005. The cooperation of private forest owners on scales larger than one individual property：international examples and potential application in the United States. Forest Policy and Economics 7（2005）：671－688.

Finley，A. O. 2002. Assessing private forest landowners' attitudes towards，and ideas for，cross-boundary cooperation in western Massachusetts. Thesis，University of Massachusetts，Amherst，p. 28.

Gemmell，J. C. 1996. The land and the people：problems in partnership. Scottish Forestry 50（4），212－219.

Hoen，H. F.，T. Eid，P. Okseter. 2000. Means for sustainable forestry-efficiency gain due to cooperative management among properties. Draft 3/16/00. Dept of Forest Sciences AUN，AOS，Norway.

Horst Weyerhaeuser，Fredrich Kahrl，Su Yufang. 2006. Ensuring a future for collective forestry in China's southwest：Adding human and social to policy reforms [J]. Forest Policy and Economics，8 (4)：375 - 385.

IUCN 2004. Communicating biodiversity conservation for forest owners in CEE. IUCN programme office for Central Europe. Warsaw. http：//www. iucn-ce. org/documents/forest/ as accessed on 15 August 2008.

Kittredge，D. B. 2003. Private forest owners in Sweden：large-scale cooperation in action. Journal of Forestry 101 (2)，41 - 46.

Koistinen，A. 1998. Developing forestry cooperation at the village level in Finland. Tyotehoseuran Julkaisuja 365，86.

Leak，W. B.，M. Yamasaki，D. B. Kittredge，N. I. Lamson，M. L. Smith. 1997. Applied ecosystem management on non-industrial forestlands. USDA Forest Service，Northeast Forest Experiment Station，General Technical Report NE - 239. p. 30.

Maria Nijnik，Albert Nijnik，Livia Bizikova. 2009. Analyzing the Development of Small-Scale Forestry in Central and Eastern Europe，Small-scale Forestry 8：159 - 174：159 - 174.

MAURIZIO，MERLO，MANUEL PAVERI. 1997. Formation and implementation of forest Policies：A focus on the Policy tools mix. Proceedings of the Ⅺ World Forestry Congress：233 - 251.

Nadeau，E. G.，Thompson，D. J. 1996. Cooperation Works! How People are Using Cooperative Action to Rebuild Communities and Revitalize the Economy. Lone Oak Press，Rochester，Minnesota，p. 205.

National Federation of Forest Owners' Cooperative Associations，Japan. 1991. Forest Owners' Cooperative Associations in Japan. Tokyo，Japan.

Ottitsch，A. 2001. Co-operative and common-property forms of forest management regimes：economies of scale for small scale forest holdings in Europe. In：Proceedings，Irish Timber grower's association annual meeting. Utilization of Thinning from Private Woodlands. UCD Industry Centre. 8th November 2001. http：//www. coford. ie/news/Circular. htm.

Rickenbach，M. G.，Kittredge，D. B.，Dennis，D.，Stevens，T. 1998. Ecosystem management: capturing the concept for woodland owners. Journal of Forestry 96 (4), 18-24.

Suda, M., Eklkofer, E., Schaffner, S. 1999. Roundwood transport in small-scale private forestland. Forst und Holz 54 (23), 736-738.

Yajie Song, Guoqian Wang, William R. Burch, Jr. 2004. Michael A. Rechilin. From innovation to adaptation: lessons from 20 years of the SHIFT forest management system in Sanming, China [J]. Forest Economics and Policy, 191 (1-3): 225-238.

Yajie Song, William R. Burch, Jr, Gordon Geballe. 1997. Liping Geng. New organizational strategy for managing the forests of southeast China: The share-holding integrated forestry tenure (SHIFT) system [J]. Forest Economics and Policy, 91 (2-3): 183-194.

图书在版编目（CIP）数据

中国集体林地联合经营政策研究 / 孔凡斌，廖文梅，潘丹著．—北京：中国农业出版社，2013.12
ISBN 978-7-109-18686-6

Ⅰ．①中…　Ⅱ．①孔…　②廖…　③潘…　Ⅲ．①集体林-林地-林业政策-研究-中国　Ⅳ．①F326.20

中国版本图书馆 CIP 数据核字（2013）第 292746 号

中国农业出版社出版
（北京市朝阳区农展馆北路 2 号）
（邮政编码 100125）
责任编辑　闫保荣

中国农业出版社印刷厂印刷　　新华书店北京发行所发行
2013 年 12 月第 1 版　　2013 年 12 月北京第 1 次印刷

开本：720mm×960mm　1/16　　印张：12.75
字数：240 千字
定价：30.00 元